Reinhard Vilbrandt

Erfassung und Verarbeitung arbeitsphysiologischer Daten

Reinhard Vilbrandt

Erfassung und Verarbeitung arbeitsphysiologischer Daten

System zur Erfassung und Verarbeitung von Parametern im Rahmen des arbeitsphysiologischen Belastungs-Beanspruchungs-Konzeptes

Südwestdeutscher Verlag für Hochschulschriften

Impressum/Imprint (nur für Deutschland/ only for Germany)
Bibliografische Information der Deutschen Nationalbibliothek: Die Deutsche Nationalbibliothek verzeichnet diese Publikation in der Deutschen Nationalbibliografie; detaillierte bibliografische Daten sind im Internet über http://dnb.d-nb.de abrufbar.

Verlag: Südwestdeutscher Verlag für Hochschulschriften Aktiengesellschaft & Co. KG
Dudweiler Landstr. 99, 66123 Saarbrücken, Deutschland
Telefon +49 681 37 20 271-1, Telefax +49 681 37 20 271-0
Email: info@svh-verlag.de
Zugl.: Rostock, Universität, Diss., 2009

Herstellung in Deutschland:
Schaltungsdienst Lange o.H.G., Berlin
Books on Demand GmbH, Norderstedt
Reha GmbH, Saarbrücken
Amazon Distribution GmbH, Leipzig
ISBN: 978-3-8381-1689-1

Imprint (only for USA, GB)
Bibliographic information published by the Deutsche Nationalbibliothek: The Deutsche Nationalbibliothek lists this publication in the Deutsche Nationalbibliografie; detailed bibliographic data are available in the Internet at http://dnb.d-nb.de.

Publisher: Südwestdeutscher Verlag für Hochschulschriften Aktiengesellschaft & Co. KG
Dudweiler Landstr. 99, 66123 Saarbrücken, Germany
Phone +49 681 37 20 271-1, Fax +49 681 37 20 271-0
Email: info@svh-verlag.de

Printed in the U.S.A.
Printed in the U.K. by (see last page)
ISBN: 978-3-8381-1689-1

Inhaltsverzeichnis

Abbildungsverzeichnis

Formelverzeichnis

Einleitung

Moderne Methoden der Automatisierungstechnik und Informationstechnologie finden seit etwa 20 Jahren erfolgreich Eingang in andere Wissenschaftsdisziplinen und in den Alltag. Dabei wurden bisher vornehmlich solche Anwendungen erschlossen, die sofort und ohne große Adaption an das Anwendungsgebiet Erfolg versprachen. So auch in der Arbeitsmedizin bzw. -physiologie.

Die Arbeitsmedizin befasst sich in Forschung, Lehre und Praxis mit der Untersuchung, Bewertung, Begutachtung und Beeinflussung der Wechselbeziehungen zwischen den Anforderungen, Bedingungen und der Organisation der Arbeit einerseits und dem arbeitenden Menschen, seiner Gesundheit, seiner Arbeits- und Beschäftigungsfähigkeit und seinen Krankheiten andererseits.

Wesentliche Inhalte der arbeitsmedizinischen Versorgung stellen die Prävention beruflich induzierter Erkrankungen und die Diagnostik arbeits- oder umweltbedingter Gesundheitsschäden und Berufskrankheiten dar. Aber auch die ergonomische Gestaltung von Arbeitsplätzen und Arbeitsabläufen und die Integration von chronisch Kranken und behinderten Personen in den Arbeitsprozess sowie versicherungsrechtliche Themen gehören zu den speziellen Besonderheiten dieser medizinischen Fachrichtung.

Eine wichtige Rolle für alle diese Aufgaben spielt die Arbeitsphysiologie, die sich speziell mit den Auswirkungen verschiedener Arbeitsformen und -belastungen auf die körperlichen Funktionen des Arbeitenden beschäftigt.

Speziell für die Erfassung von Belastungen und den daraus resultierenden Beanspruchungen wurden bereits vielfältige Methoden und technische Systeme entwickelt, die jedoch meist relativ isoliert nebeneinander stehen. Neben einem nicht unerheblichen Aufwand zur Erfassung und Bereitstellung der Daten sind die Analyse und Auswertung der uneinheitlich vorliegenden Daten gegenwärtig ein begrenzender Faktor in der Arbeitsphysiologie.

Mit dem im Rahmen dieser Arbeit entwickelten integrierten System medLIMS (arbeits**med**izinisches **L**abor**I**nformations**M**anagement**S**ystem) zur Erfassung der Belastungen und Beanspruchungen in der arbeitsphysiologischen Forschung und Praxis soll ein Beitrag geleistet werden, diese Arbeiten rationeller zu gestalten. Nach einer Analyse der gebräuchlichsten Methoden und der bereits vorhandenen Lösungen wird ein einheitliches System vorgestellt, das in wesentlichen Teilen bereits realisiert und erprobt wurde.

Die Entwicklungsarbeiten und Tests erfolgten in enger Zusammenarbeit zwischen den Instituten für Präventivmedizin und Automatisierungstechnik der Universität Rostock.

1. Einführung

Die Arbeitsmedizin ist eine Disziplin der Medizin und beinhaltet ihrerseits unterschiedliche Fachgebiete wie Toxikologie, Ergonomie, Umweltmedizin, Rehabilitationsmedizin, Arbeitspsychologie und Arbeitsphysiologie. Die Prävention beruflich induzierter Erkrankungen und die Diagnostik arbeits- oder umweltbedingter Gesundheitsschäden und Berufskrankheiten bilden die beiden Hauptsäulen arbeitsmedizinischer Tätigkeit.

Diese Aufgaben sind in den modernen Industriestaaten gesetzlich verankert, und es existieren eine Reihe von Katalogen und Normen zur Arbeitsplatz- und Arbeitsablaufgestaltung einerseits [1] und zur Begutachtung von Berufskrankheiten andererseits [2]. Die Kataloge und Normen beruhen auf langjährigen Beobachtungen und Erfahrungen der Arbeitswelt und deren Auswirkungen auf den Menschen.

So sind in Deutschland für viele Arbeitsaufgaben Untersuchungen des Arbeitenden vor Aufnahme der Tätigkeit vorgeschrieben, deren Umfang je nach zu besetzendem Arbeitsplatz und zu erwartender Exposition in berufsgenossenschaftlichen Grundsätzen zur arbeitsmedizinischen Vorsorge vorgeschrieben ist [3], und die so die Eignung für einen bestimmten Arbeitsplatz feststellen.

Präventiv sollen gefährdende Umstände am Arbeitsplatz und während der Tätigkeit möglichst frühzeitig erkannt und abgestellt oder zumindest minimiert werden.

Eine der am häufigsten praktizierten Methoden der Arbeitsmedizin ist die Arbeitsplatzanalyse [4]. Hierbei werden in möglichst objektiver Form die Arbeitsbelastungen ermittelt. Ergänzt und bereichert wird die

Arbeitsplatzanalyse dabei durch Methoden der Arbeitsphysiologie, um die Wirkung der Belastungen auf den Arbeitenden zu ermitteln.

Im Verlauf der letzten Jahrzehnte hat sich die Arbeitswelt in den Industrienationen stark verändert. Überwiegend physisch beanspruchende Berufe sind in ihrer zahlenmäßigen Bedeutung stark zurückgegangen; psychisch belastende Tätigkeiten dominieren heutzutage den Arbeitsmarkt. Die durch den Arbeitsplatz hervorgerufene Beanspruchung wird durch arbeitsphysiologische Untersuchungen erfasst.

1.1. Arbeitsplatzanalyse

Bei der Arbeitsplatz- oder Tätigkeitsanalyse schätzt ein Experte wissenschaftlich fundiert die durch den Arbeitenden zu erbringende Leistung ein. Daraus resultieren Tätigkeitskategorien sind geeignet die unterschiedlichen Arbeitsbelastungen zu beschreiben. Diese werden bei späteren Untersuchungen protokolliert.

Die einfachsten Formen einer Arbeitsplatzanalyse stellen Besichtigung und Anschauung dar. Bei nicht ausreichender Kenntnis der konkreten Arbeitsaufgabe und Arbeitsumgebung ist dabei eine Begehung unter sachkundiger Führung notwendig.

In vielen Fällen ist diese einfache Arbeitsplatzanalyse nicht ausreichend. Dann muss der Arbeitende während eines repräsentativen Arbeitstages beobachtet, zu seinen individuell empfundenen Beanspruchungen befragt und zur Objektivierung messtechnisch überwacht werden [5].

Die Beobachtung kann durch einen externen Beobachter vorgenommen werden, der sofort alle relevanten Informationen notiert. Es ist auch denkbar, bei räumlich begrenzten Arbeitsplätzen eine

Videoüberwachung einzusetzen. Die Auswertung erfolgt dann zu einem späteren Zeitpunkt durch eine Videoanalyse.

Eine dritte Möglichkeit besteht in der Protokollierung und Einschätzung durch den Arbeitenden selbst. Dabei müssen vorher klassifizierte Tätigkeiten protokolliert und besondere Umstände festgehalten werden. Diese Selbstprotokollierung erfordert neben der Einweisung und stichprobenartigen Kontrollen keinen zusätzlichen personellen Aufwand. In der Vergangenheit war es üblich, die Selbstprotokollierung schriftlich auf Papier vorzunehmen. Die technische Entwicklung ermöglicht es aber bereits, mit speziellen Geräten Informationen aufzunehmen, abzuspeichern und elektronisch zu übertragen [6]. Eine solche Lösung erleichtert neben der Datenerfassung auch die Auswertung, da insbesondere manuelle Arbeitsgänge zur Dateneingabe entfallen.

Zusätzlich zur reinen Protokollierung von Arbeitsabschnitten und besonderen Umständen können auch subjektive Einschätzungen des Arbeitenden erhoben werden. Entscheidend für die resultierende Belastung sind subjektive Wahrnehmung und Beurteilung der Belastungssituation durch die Person selbst [7]. Obwohl der Ausführende nur die Erlebnisdimension beschreiben kann, die zwar auf sachlicher Grundlage beruht, jedoch einer streng wissenschaftlichen Kompetenz entbehrt, ist sie trotzdem hilfreich für die Belastungsanalyse.

Die Erfassung erfolgt meistens mit Hilfe von Fragebögen, die bereits für viele unterschiedliche Anforderungen entwickelt und validiert wurden. Dabei müssen Fragebögen, die auf momentane und zeitnahe Einschätzungen zielen, auch möglichst zeitnah zu den einzuschätzenden Ereignissen erhoben werden. Fragebögen werden sehr häufig in Papierform ausgefüllt, können aber auch in elektronischer Form bearbeitet bzw. in diese überführt werden.

1.2. Arbeitsphysiologie

Die Arbeitsphysiologie beschäftigt sich mit der Wirkung von verschiedenen Arbeitsformen und -belastungen auf die körperlichen Funktionen des Arbeitenden. Nur wenn die genauen Reaktionen auf Belastungszustände bekannt sind, können die Arbeitsbedingungen optimal gestaltet werden. Erst dann sind gesundheitliche Schädigungen des arbeitenden Menschen auszuschließen oder zumindest zu minimieren [8].

Im Zuge der zunehmenden Automatisierung in der Produktion und im Arbeitsalltag verschiebt sich ein Kernpunkt der Arbeitsphysiologie zunehmend in die Psychophysiologie. Die arbeitsphysiologische Forschung versucht, Erkenntnisse über Reaktionen und Aktionen des Arbeitenden zu gewinnen. Diese sollen für die optimale Anpassung der Arbeit an den Menschen und die Gesundheitsprävention umgesetzt werden. Direkte Ergebnisse arbeitsphysiologischer Untersuchungen sind dann:

- Empfehlungen für eine optimale Gestaltung von Arbeitsplatz, Anforderung und Organisation
- Richtwerte für zulässige und adäquate Arbeitsanforderungen
- wissenschaftliche Grundlagen für gesundheitsfördernde und leistungssteigernde Maßnahmen
- alternative Empfehlungen für leistungseingeschränkte Arbeitnehmer

1.3. Das arbeitphysiologische Belastungs-Beanspruchungs-Konzept

Das in den 1960ern entwickelte Belastungs-Beanspruchungs-Konzept [9], [10] ist die Grundlage der heutigen arbeitsmedizinischen Forschung, Prävention und Begutachtung.

„Belastung ist die wertfreie Bezeichnung für die aus der Art der Arbeitsaufgabe und deren Arbeits- und Ausführungsbedingungen resultierenden Einflüsse auf den Arbeitenden, die eine Wirkung auf ihn ausüben." [9]

Berufliche Belastung resultiert aus:

- Art und Schwierigkeitsgrad der Arbeitsaufgabe
- Arbeitsumweltbedingungen (physikalisch, biologisch, chemisch)
- spezielle Arbeitsbedingungen (z.B. Werkzeuge, Akkord)
- soziales Umfeld mit Mitarbeitern und Vorgesetzten

Als Belastung werden alle von außen auf den Menschen wirkenden Einflussfaktoren zusammengefasst, die eine Reaktion des Organismus auslösen (können). Dabei werden physische, psychische, psychosoziale sowie Belastungen durch Umweltfaktoren unterschieden. Als physische Belastung werden die körperlichen Belastungen vor allem des Haltungs- und Bewegungsapparates und des kardio-pulmonalen Systems verstanden. Geistige und überwachende Tätigkeiten stellen vor allem psychische Belastungen dar. Dagegen resultiert psychosoziale Belastung aus zwischenmenschlichen Beziehungen bzw. Problemen. Expositionelle Belastung entsteht durch Umweltfaktoren wie physikalische, chemische oder biologische Faktoren der Arbeit. Im realen Arbeitsumfeld sind keine Reinformen einzelner Belastungsarten anzutreffen, vielmehr ist immer von einer

Mischbelastung auszugehen. Diese Gesamtbelastung ruft eine Reaktion des Arbeitenden hervor, die als Beanspruchung bezeichnet wird.

„Beanspruchung ist die Wirkung der Belastung auf das Lebewesen, die sich in Veränderungen von Organen und Organsystemen, im Belastungs- und Beanspruchungserleben sowie der Handlungsfähigkeit zeigt." [9]

Die Beanspruchung als Wirkung einer Belastung äußert sich grundsätzlich auf drei verschiedenen Wegen:

- die spezifische Wirkung auf Organe durch spezielle Eigenschaften der Belastung und der damit verbundenen speziellen Anpassungsreaktion des Organismus,
- die unspezifische Wirkung, die sich in einer unspezifischen Aktivitätsveränderung des Organismus äußert und die als allgemeine Anpassungsreaktion bezeichnet wird, und
- das subjektive Erleben und die subjektive Bewertung der Belastungen.

Die konkrete Anpassungsreaktion eines Menschen hängt von einer Vielzahl von habituellen und situativen individuellen Eigenschaften ab.

Habituelle Eigenschaften sind:

- anatomisch physiologische Voraussetzungen (Konstitution, Alter, Geschlecht)
- individuell besondere Reaktionsweisen einzelner Organe
- Trainings- und Anpassungszustand des Organismus
- Fähigkeiten und Fertigkeiten bezüglich der konkreten Aufgabenstellung

- Motivation, selbst gestellte Anforderungen, Erwartungen
- Persönlichkeit, allgemeine Bewältigungsfähigkeiten
- Erfahrungen

Situative Merkmale sind folgende:

- allgemeiner Funktionszustand und allgemeines Aktivitätsniveau (Biorhythmus, Krankheiten, Ernährung, Medikamentenkonsum, Genussmittel),
- situativ wirkende Einstellungen, Erwartungen, Motivation,
- außerberufliche soziale Einflüsse und Verhaltenseinflüsse und
- Emotionen (Angst, Freude, Euphorie).

1.4. Erfassung von Belastung, Situation und Beanspruchung

Die Erfassung von Belastung und der daraus resultierenden Beanspruchung ist ein Hauptbestandteil der arbeitsphysiologischen Forschung. Für eine fundierte Auswertung sind immer Kenntnisse der aktuellen Arbeitssituation und individueller Merkmale des Arbeitenden notwendig.

Die Belastung kann über eine möglichst sorgfältige Notierung der aktuellen Tätigkeiten und der zu berücksichtigenden äußeren Umstände wie z. B. gehandhabte Gewichte oder zu bewältigende Arbeitsaufgaben objektiv erfasst werden.

Dabei können die auftretende Belastung und die externe Situation deskriptiv oder messtechnisch registriert werden. Bei der deskriptiven Erfassung werden die Sachverhalte durch einen Mitarbeiter erfasst (in der Regel audiovisuell), kategorisiert und notiert.

Eine messtechnische Erfassung setzt den Einsatz von Geräten voraus, die mit einer hinreichenden Selektivität und Signifikanz bestimmte Belastungssituationen registrieren können. Das können z. B. Geräte sein, die die biomechanischen körperlichen Belastungen bei Arbeitenden über die Körperbewegung und Bodenreaktionskräfte registrieren [11]. Auf Grund des höheren materiellen und personellen Aufwandes und der relativ starken Rückkopplung werden sie für Langzeit-Felduntersuchungen nur bedingt eingesetzt. Zudem können nur physische, chemische und biologische Expositionen erfasst werden, psychische Belastungen sowie allgemeine und situative Umwelteinflüsse sind nur schwer automatisch zu messen.

Obwohl beide Methoden in der arbeitsphysiologischen Forschung eingesetzt werden, überwiegt die deskriptive. Sie wird wesentlich häufiger, insbesondere auch bei Arbeitsplätzen mit einer eher geringen körperlichen und expositionellen Belastung, eingesetzt.

Eine ideale Registrierung der Belastung umfasst sowohl qualitative als auch quantitative Anteile. Qualitativ werden die allgemeine Situation bzw. die Tätigkeit wiedergegeben, z. B. die verschiedenen Arbeitsschritte und deren zeitliche Abfolge. Quantitativ können z. B. zu handhabende Gewichte, Anzahl von Wiederholungen, Expositionsdauer, Expositionskonzentrationen und dynamische und statische Haltungen erfasst werden. Technische Hilfsmittel, z. B. ein elektronisches Tagebuch, können die Aufzeichnung vereinfachen, deren Qualität stark verbessern [12] und den Aufwand für die Auswertung minimieren.

Die Beanspruchung kann über verschiedene physiologische Parameter objektiv erfasst werden. Dazu zählen das Elektrokardiogramm (EKG), die Herzfrequenz (HR), die Herzfrequenz-variabilität (HRV), der Blutdruck (BP), Blutparameter wie z. B. Laktat,

Atemgasparameter, calipermetrische Messwerte, anthropometrische Messungen und Hormonkonzentrationen. Einige dieser Parameter eignen sich besonders für Langzeitaufzeichnungen und haben somit bei der arbeitsphysiologischen Überwachung eine herausragende Bedeutung. Für viele dieser Parameter wie EKG, HR, HRV und BP existieren spezielle mobile Messwertaufnehmer. Dabei wird in der Regel mit Hilfe dieser Geräte gezielt ein einzelner physiologischer Parameter oder eine Gruppe überwacht. Das Auslesen und Auswerten der aufgezeichneten Werte wird über geräte- und herstellerspezifische Software vorgenommen. Neben den statischen Werten von physiologischen Parametern sind für die Beurteilung der Beanspruchung oder deren Messung besonders dynamische Veränderungen von Bedeutung.

Subjektive Einschätzungen und Angaben zum Erleben können über eine Befragung des Arbeitenden erfasst werden und zusätzliche wertvolle Hinweise auf den Beanspruchungszustand geben. Über die Präsentation und Beantwortung von verschiedenen Fragebögen können unterschiedliche Teilaspekte der Selbstwahrnehmung gezielt ermittelt werden. Die Fragebögen sind dabei speziell zugeschnitten auf bestimmte Aufgaben, Personengruppen oder Beanspruchungszustände. Jeder Fragebogen ist so nur für eine definierte Situation zulässig. Als Beispiele seien der Kurzfragebogen zur aktuellen Beanspruchung (KAB) [13] und der Nasa Task Load Index (Nasa-TLX) [14] genannt.

1.5. Feldmonitoring

In der arbeitsphysiologischen Forschung und Praxis liefern Labor- und laborähnliche Untersuchungsmethoden nur unvollkommene Ergebnisse. Um die komplizierten multifunktionellen Zusammenhänge aufklären und bewerten zu können, ist oftmals ein Feldmonitoring wünschenswert, d. h. Untersuchungen in der konkreten Arbeitsumgebung und über einen längeren Zeitraum.

Werden je nach Stresssituation unterschiedliche Verhaltensweisen und deshalb unterschiedliche Reaktionen von physiologischen Parametern erwartet, so sind diese Parameter während des Arbeitsalltages, aber auch in den Erholungszeiten von Interesse. So können zum einen direkte physiologische Reaktionen auf bestimmte Arbeitsaufgaben beobachtet werden, zum anderen wird aber auch das Erholungsverhalten in Ruhephasen nachvollziehbar. Die Erfassung der physiologischen Daten kann deshalb nicht nur stationär erfolgen, oft ist nur eine mobile Messwertaufnahme sinnvoll und aussagekräftig.

Im präventiven Bereich sind regelmäßige Gesundheitsüberprüfungen der Beschäftigten, Arbeitsplatzanalysen und bei Bedarf auch eine mobile Überwachung von wichtigen physiologischen Parametern notwendig. Neben den konkret gefährdenden Umständen, die aus der Arbeitsplatzanalyse erkennbar sind, sind andere Anzeichen für eine Gefährdung, wie z. B. eine andauernde hohe Stressbelastung, am sichersten durch ein kontinuierliches Feldmonitoring detektierbar. Auch eine angestrebte Regeneration kann so überwacht und optimiert werden.

Obwohl dem diagnostischen Bereich der Arbeitsmedizin und der Arbeitsphysiologie in der Regel eine ambulante Gesundheitsüberprüfung zu Grunde liegt, wird, um akute oder chronische Berufskrankheiten festzustellen, in bestimmten Fällen zur Diagnostik auch Langzeiterfassungen von physiologischen Parametern in der Arbeitsumgebung eingesetzt. Werden während des Arbeitslebens solche Langzeitüberwachungen regelmäßig durchgeführt und deren Ergebnisse miteinander in Beziehung gesetzt, können krankhafte Veränderungen leichter erfasst und früher erkannt werden. Im Sinne einer umfassenden und möglichst sensitiven Diagnostik sind Langzeiterfassungen von physiologischen Daten deshalb ebenfalls notwendig.

1.6. Auswertemethoden

In der arbeitsphysiologischen Forschung werden vorwiegend statistische Methoden der Datenauswertung angewendet, um sichere Korrelationen zwischen Belastungen und Beanspruchungen zu finden. Dabei werden die Daten nach verschiedenen Gesichtspunkten gepoolt (Alter, Geschlecht, Habitus der Probanden, ausgeführte Tätigkeiten und deren Intensität oder Dauer etc.).

Wie in anderen Forschungsgebieten auch werden Rohdaten oft mit Hilfe spezieller Algorithmen vor der eigentlichen Auswertung verdichtet.

Spezielle Auswertemethoden wie zum Auswerten verschiedener Fragebögen wurden bereits validiert und befinden sich im praktischen arbeitsmedizinischen / arbeitsphysiologischen Gebrauch.

2. Aufgabenstellung

Die arbeitsphysiologische Forschung und Prävention ist auf die Durchführung von Langzeit-Feldstudien angewiesen. Hierfür sind verschiedene Datenebenen zu erfassen: Belastungen (Arbeitsaufgabe und Situation), physiologische Parameter und die subjektive Empfindungsebene. Es ist notwenig, diese drei Datenebenen simultan zu erfassen und synchron zu verarbeiten.

Speziell für die Erfassung von Belastungen und den daraus resultierenden Beanspruchungen wurden bereits vielfältige Methoden und technische Systeme entwickelt, die jedoch meist relativ isoliert nebeneinander stehen. Gleiches trifft auf die Auswertemethoden zu. Neben einem nicht unerheblichen Aufwand zur Erfassung und Bereitstellung der Daten stellen die Analyse und Auswertung der uneinheitlich vorliegenden Daten gegenwärtig einen begrenzenden Faktor in der Arbeitsphysiologie dar.

Es soll ein System entwickelt und realisiert werden, das die Erfassung, Speicherung und Auswertung von Daten bei arbeitsphysiologischen Felduntersuchungen vereinheitlicht und vereinfacht.

Dazu müssen die verschiedenen bereits vorhandenen Datenquellen hinsichtlich ihrer Integrierbarkeit in ein solches System untersucht werden. Ggf. sind Zusatzentwicklungen notwendig. Die gefundene(n) Lösung(en) soll(en) nach Möglichkeit gewährleisten, dass zukünftig weitere Geräte und Systeme, die Versuchsdaten liefern, integriert werden können.

Die Daten sollen bei Bedarf online erfasst werden können, um prinzipiell eine online- oder zumindest zeitnahe Auswertung zu ermöglichen.

Die erhobenen Daten sollen in geeigneter Form gespeichert werden und langfristig zur Auswertung zur Verfügung stehen. Dabei ist zu beachten, dass es sich um medizinische Daten handelt, die einer hohen Vertraulichkeit unterliegen. Der Zugriff ist zu reglementieren; trotzdem soll der Zugang zu den Daten möglichst einfach und unkompliziert möglich sein.

Der Zugriff soll simultan durch mehrere Nutzer über ein Netzwerk möglich sein und (nach Möglichkeit) so realisiert werden, dass keine Spezialsoftware benötigt wird.

Um einen schnellen qualitativen Überblick über die Versuchsdaten zu erhalten, soll eine konzentrierte und einfache Visualisierung der Versuchsdaten möglich sein.

Für die Auswertung der Daten müssen Kopplungsmöglichkeiten zu Standard-Statistik-Software vorhanden sein. Dabei soll die Auswahl der zu exportierenden Daten frei wählbar und kombinierbar sein. Spezielle Auswertealgorithmen (der Arbeitsphysiologie) müssen integrierbar sein. Die in der Forschung entwickelten Auswerteverfahren sollen wegen des enthaltenen Know-Hows vor nicht autorisiertem Zugriff geschützt werden.

Das zu entwickelnde System soll erweiterbar sein, um zukünftig neue Datenquellen und neue Funktionalitäten zur Auswertung integrieren zu können.

Die Umsetzung soll so erfolgen, dass vorrangig Standardschnittstellen und Standardsoftware verwendet werden, um eine kostengünstige und einfache Umsetzung (und Portierbarkeit) zu gewährleisten.

Ausgehend vom Stand der Technik werden im folgenden wesentliche Elemente für ein solches System auf ihre Eignung untersucht und grundlegende Abwägungen zum Einsatz getroffen, um ein Konzept für ein Gesamtsystem zu entwerfen. Dabei werden sowohl Methoden und Hilfsmittel der Automatisierungstechnik und Informationstechnologie betrachtet, aber auch bereits vorhandene Geräte und Lösungen im Bereich der Arbeitsphysiologie werden berücksichtigt.

Das Gesamtsystem ist in seinen wesentlichen Komponenten beispielhaft zu realisieren und zu erproben. Dabei sollen die im Institut für Präventivmedizin bereits vorhandenen (Teil-) Lösungen vorrangig einbezogen werden.

Nachfolgend wird die Umsetzung der einzelnen Systembestandteile erläutert und eine Einschätzung zu Möglichkeiten der Weiterentwicklung bzw. Erweiterung des Systems vorgenommen.

3. Stand der Technik

Bei der Analyse des Standes der Technik wird auf die wesentlichen Elemente für die Erfüllung der Aufgabenstellung eingegangen. Einzelne Komponenten werden auf ihre Eignung hin untersucht. Bereits vorhandene Lösungen und Geräte aus der Arbeitsphysiologie werden berücksichtigt, insbesondere die am Institut für Präventivmedizin der Universität Rostock bereits erprobten bzw. vorhandenen.

Eine grundlegende Einschätzung zum Einsatz in dem zu entwickelnden System wird jeweils sofort getroffen.

3.1. Datenverwaltung

In der medizinischen Forschung und Praxis werden Datenverwaltungssysteme schon seit langer Zeit eingesetzt. Die meisten Systeme wurden für Anwender aus der stationären und ambulanten medizinischen Versorgung entwickelt. Zunehmend werden auch Patientenmonitoring-Systeme eingesetzt, die Daten aus diagnostischen Verfahren für die aktuelle Patientenversorgung zur Verfügung stellen.

Auch außerhalb des medizinischen Bereichs existiert eine Vielzahl von Datenverwaltungssystemen für die verschiedensten Anwendungen. Es soll betrachtet werden, welche Datenverwaltungssysteme verfügbar sind und für die Lösung der gestellten Aufgabe verwendet werden können. Es werden jedoch nur solche Systeme näher betrachtet, die ähnliche Anforderungen wie das zu erstellende zu erfüllen haben.

Zunächst wird grundlegend auf die Datenverwaltung mit Hilfe von Datenbanken und die Architektur der Datenverwaltung eingegangen. Die typischen Datenbanktypen werden kurz vorgestellt.

3.1.1. Datenbanksysteme

Daten, die in einem logischen Zusammenhang zueinander stehen, können vorteilhaft in einer Datenbank verwaltet werden. Dabei besteht die Datenbank aus der Summe aller Daten und einem Datenbankverwaltungssystem (Database Management System - DBMS). Das DBMS realisiert den Zugang zu den Daten für bestimmte Anwendungen und Anwender. Es können je nach Organisationsstruktur der Daten verschiedene Datenbankmodelle unterschieden werden [15].

- hierarchisches Modell
- Netzwerkmodell
- relationales Modell
- objektorientiertes Modell

Im **Hierarchischen Modell**, dem ältesten Datenbankmodell, werden die Daten hierarchisch in einer Baumstruktur angeordnet [16]. Von Vorteil sind die einfache Struktur und der schnelle und effiziente Datenzugriff. Nachteilig ist die unflexible Modellierung. Über die Baumstruktur ist nur die Abbildung von 1:1- und 1:n-Beziehungen möglich. Eine wünschenswerte und oft notwendige n:m-Darstellung kann nur durch Mehrfacheinträge erfolgen.

Das **Netzwerkmodell** kann als Verallgemeinerung des hierarchischen Datenbankmodells gesehen werden. Es wurde bereits Ende der 1960er von der Data Base Task Group vorgestellt [17]. Prinzipiell sind beliebige Verknüpfungen zwischen allen Dateneinträgen möglich. Als wichtigster Fortschritt können hier auch n:m-Darstellungen umgesetzt werden. Nachteilig ist die unübersichtliche Struktur. Zudem zieht jede

Datenänderung einen hohen Aufwand für die Aktualisierung der Verweise nach sich.

Das **relationale Datenbankmodell** wurde 1969 von E. F. Codd entwickelt [18], [19]. Das Hauptmerkmal einer solchen Datenbank ist, dass die Daten in Tabellen (Relationen) organisiert sind. Jede Relation besteht aus Reihen und Spalten. Dabei repräsentieren alle Einträge in einer Spalte ein bestimmtes Attribut (Entitätstyp). Jede Reihe stellt einen Datensatz (Entität) dar und beinhaltet so alle Attribute der Tabelle. Die Anordnung von Reihen und Spalten hat keinen Einfluss auf die Datenorganisation. Einzelne Tabellen sind in der Regel voneinander unabhängig. Tabellen können über gemeinsame Attribute direkt verknüpft sein; über direkt verknüpfte Tabellen können auch indirekte Verknüpfungen hergestellt werden. Vorteil der relationalen Datenbanken ist die flexible Struktur. Neue Tabellen, und unter Umständen neue Attribute, können ohne Änderung von bestehenden Anwendungen, die sich auf eine ältere Version beziehen, ergänzt werden. Außerdem können virtuelle Tabellen erstellt werden, indem man verschiedene Tabellen miteinander kombiniert. Die logische und strukturelle Zuordnung der Daten kann so, ohne eine Änderung der zugrunde liegenden physischen Daten, dem jeweiligen Bedarf angepasst werden. Für relationale Datenbanken bestehen weit verbreitete etablierte Standardabfragesprachen.

Das **objektorientierte Datenbankmodell** wurde von Beeri 1989 vorgestellt [20], [21]. Besonders bei komplexen Daten wie bei computerunterstützter Hardware- oder Softwareentwicklung oder bei der Verarbeitung von Multimediainformationen, reichen die Möglichkeiten der relationalen Datenbanken nicht mehr aus. Deshalb werden alle Daten in Objekten gekapselt, die wiederum in Klassen definiert sind und über Eigenschaften und Funktionen verfügen. Dabei wurde das Konzept der Vererbung aus dem Bereich der objektorientierten Programmierung übernommen. Vorteil der objektorientierten Datenbanken ist die übersichtliche und einfach zu wartende Struktur. Alle möglichen Manipulationen und Datenzugriffe (Methoden) sind in den Klassendefinitionen festgelegt und damit in den Datenobjekten selbst hinterlegt. Nachteilig ist, dass bis heute keine standardisierten Abfragesprachen für Objektdatenbanken zur Verfügung stehen.

Im Rahmen von Langzeit-Feldstudien werden im Wesentlichen folgende Daten erwartet:

- physiologische Daten
- Daten zur Tätigkeit und Aufgabenbewältigung
- Daten zum subjektiven Befinden und der subjektiven Einschätzung

Diese Daten können in der Regel als Menge einzelner Messwerte betrachtet werden. Jeder Messwert gehört dabei zu einer bestimmten Größe (Parameter oder Messgröße) und hat daraus resultierend weitere Eigenschaften wie z. B. Einheit, Minimum, Maximum etc. Außerdem ist jeder Messwert durch einen Zeitstempel charakterisiert. Die zu erwartende Vielzahl an Messwerten, sie beträgt z. B. für nur einen Versuch, bei dem die Herzschlagintervalle aufgezeichnet werden, ca. 100.000 einzelne Messwerte, erfordert die Verwendung einer Datenbank mit schnellem und effizientem Zugriff. Die Erstellung der Zugriffsmöglichkeiten auf die Daten soll einfach zu realisieren sein und sich auf die Verwendung von Standardwerkzeugen beschränken.

Aufgrund dieser Anforderungen bietet sich die Anwendung einer relationalen Datenbank an.

3.1.2. Architektur und Zugriffssteuerung

Wichtigstes Kriterium für die Architektur einer Datenbank ist die geplante Anwendung. Grundsätzlich werden Einzelnutzer- und Multinutzersysteme unterschieden [22].

Ein **Einzelnutzersystem** oder auch Standalone-System besteht aus nur einem Computer für Datenspeicherung und Datenzugriff gleichermaßen. Da nur ein Nutzer gleichzeitig die Daten verändern, ergänzen oder auswerten kann, ist dieses Konzept für die zu lösende Aufgabe nicht geeignet.

Multinutzerkonzepte erlauben einer großen Zahl von Anwendern, eine allgemeine bzw. gemeinsame Datenbasis zu nutzen. Es gibt verschiedene Umsetzungsformen für ein solches Konzept [23].

Beim **Remoteprocessing** werden alle Daten auf einem zentralen Datenbankserver gespeichert. Außerdem übernimmt dieser Hauptcomputer auch alle Datenverarbeitungsvorgänge. Der Datenzugriff erfolgt über einfache Clients, die selbst über keine besondere Fähigkeiten oder Ressourcen verfügen müssen. Es ist lediglich die Realisierung einer Standardkommunikation mit dem zentralen Computer notwendig.

Einen anderen Ansatz verfolgt das **Data Ressource Sharing**. Der zentrale Server stellt hierbei lediglich die einzelnen Datenfiles zur Verfügung. In diesem Fall liegt sämtliche Funktionalität zur Datenverarbeitung beim Client. Sogar das Datenbankmanagementsystem muss vom Client realisiert werden.

Das **Client/Server** Modell ist ähnlich aufgebaut. Hierbei wird das DBMS zwar vom Server bereitgestellt, beschränkt sich aber auf den direkten Umgang mit den Daten. Alle weiterführenden Routinen, z. B. zur Auswertung, werden von den Clients übernommen.

Bezüglich der Zugriffsmöglichkeiten werden **Multinutzersysteme** unterschieden nach zwei- und drei- oder mehrstufigen Architekturen.

Zweistufige Systeme sind charakterisiert durch eine direkte Verbindung von Client und DBMS. Je nach DBMS können die Nutzer verschiedene Clients für den Datenzugang verwenden. In der Regel gibt es offizielle Clients, die vom Hersteller des DBMS zur Verfügung gestellt werden. Meist können auch Datenzugriffe über ODBC (Open DataBase Connectivity) oder ADO (ActiveX Data Objects) erfolgen [24]. Je nach Konzept verfügt jeder Nutzerclient über mehr oder weniger weitreichende Rechte zur Datenmanipulation. Der Nutzer meldet sich in der Regel lediglich mit seinem Namen und einem Kennwort an. Es besteht bei dieser direkten Verbindung kein weiterer Schutz des DBMS selbst, so dass ein gehackter Client bzw. entwendete Zugangsdaten sofort vollen Zugang zum DBMS und damit allen Daten ermöglichen.

Ein dreistufiges System sieht die Trennung der Zugriffsebenen vor. Der Nutzer arbeitet mit einem Client, der selbst keinen direkten Zugang zum DBMS hat, sondern diesen über ein Zwischenprogramm realisieren muss. Die Zugangsdaten zum DBMS sind nur diesem Zwischenprogramm bekannt, so dass ein Endnutzer i. d. R. keinen direkten Zugang zum DBMS hat. Der Nutzer kann über seinen Client nur vordefinierte Datenbankzugriffe des Zwischenprogramms ausführen. Selbst ein gehackter Client oder entwendete Zugangsdaten erlauben lediglich die vordefinierten Datenbankzugriffe und damit in der Regel keinen Vollzugriff auf die Datenbank. Deshalb sollte das Zwischenprogramm nur über minimale Rechte verfügen, nämlich gerade so viele wie notwendig sind, um die geplanten Datenzugriffe zu realisieren. Das Zwischenprogramm selbst ist wesentlich einfacher und besser zu schützen (und schwerer zu hacken), da der Zugriff nur über die Clientsoftware erfolgen kann und nur die Schnittstellen zum Zwischenprogramm geöffnet sind [25].

Die Aufgabenstellung erfordert die Implementierung eines Multiusersystems, d. h. mehrere Nutzer sollen (gleichzeitig) über Netzwerke, z. B. das Internet, zugreifen können. Besonders günstig ist die Verwendung einer **Remoteprocessing** Architektur, bei der die Clientprogramme einfach strukturiert sind. Es sind hier nur Standardprogramme für den Zugang notwendig. Alle daten- und wissensbasierten Prozeduren und Funktionen werden nur auf dem Server ausgeführt. Auf diese Weise sind die Rohdaten niemals dem direkten Zugriff ausgesetzt und damit weitgehend vor Manipulationen geschützt. Auch ein direkter Zugriff auf wissensbasierte Auswerteroutinen ist so unmöglich. Lediglich die Veranlassung der Ausführung (von Auswertungen) und der Zugriff auf die Ergebnisse sind möglich. Die einen wissenschaftlichen Wert darstellenden Analysemethoden sind so vor unbefugtem Zugriff sicher und müssen nicht auf potentiell unsichere Rechner übertragen werden.

Nachteilig bei der Verwendung eines zentralen Servers für die Datenbankverwaltung und alle Auswertungen ist die Begrenztheit der Ressourcen. Wenn das System eine große Anzahl gleichzeitig aktiver Nutzer hat, sind entweder Einbußen in der Performance hinzunehmen, oder es muss zusätzliche Rechenleistung durch einen schnelleren Server bzw. durch Kopplung von Computern zur Verfügung gestellt werden.

Eine zweistufige Architektur bietet nicht die notwendige Sicherheit, die für die Arbeit mit medizinischen Daten zu gewährleisten ist. Im Sinne der Sicherheit der medizinischen Daten vor unbefugtem Zugriff oder Manipulation sollte zumindest ein dreistufiges System implementiert werden.

3.1.3. Aktuelle DB-Systeme

Kommerzielle Datenbanksysteme werden von verschiedenen Firmen angeboten.

Hierarchische Datenbanken werden heute fast ausschließlich noch bei Legacy Applikationen großer Firmen eingesetzt, bei denen aufgrund der sehr langen Entwicklungszeiten oder der sehr speziellen Anwendung keine Adaptationen des Datenbankmodells gemacht wurden. Seit 1998 wird XML (Extensible Markup Language) zur Modellierung strukturierter Daten verwendet [26]. XML unterstützt diese hierarchische Datenspeicherung und stellt somit ein Wiederaufleben dieses zwischenzeitlich stark zurückgedrängten hierarchischen Datenbankmodells dar.

Weit verbreitet sind relationale Datenbanksysteme. In den letzten Jahren werden vermehrt auch objektorientierte Datenbanken angeboten, wobei vorhandene relationale Datenbanken zumeist jedoch „nur" um objektorientierte Eigenschaften erweitert wurden, um so objektrelationale Datenbanken zu erhalten.

Die Vorteile der Verwendung eines relationalen Datenbanksystems und des Remoteprocessings wurden bereits diskutiert. Im Folgenden werden deshalb serverorientierte relationale Datenbanken verschiedener Anbieter kurz vorgestellt.

SQL Server [27] der Fa. Microsoft basiert auf dem Sybase SQL Server der Fa. Sybase. Nach anfänglich parallelen Entwicklungen wurden seit 1993 mehrere aufeinander aufbauende rückwärtskompatible Versionen bis zur aktuellen Version SQL Server 2005 entwickelt. Von Vorteil ist die Orientierung am Standard der aktuellen SQL (Structured Query Language) [28]. Generell unterstützt SQL Server nur Windows Plattformen. Oracle Database [29] ist eine relationale Datenbank der

Fa. Oracle. Es können eine sehr große Anzahl von Datensätzen verarbeitet werden. Zudem können auch nicht relationale Daten integriert werden. Oracle Database wurde bereits vor der Festlegung des SQL-Standards durch das ANSI (American National Standards Institute) entwickelt und unterstützt diesen Standard deshalb nicht vollständig. Die relationale SQL Datenbank der Fa. IBM heißt DB2 [30]. Wie auch Oracle Database ist DB2 für verschiedene Betriebssysteme wie Unix, Linux und Windows verfügbar.

Nachteil aller kommerziellen Datenbanken ist der hohe Anschaffungspreis. Schnell können schon für kleine und mittlere Anwendungen mehrere Tausend Euro Lizenzgebühren und Wartungskosten entstehen. Deshalb erscheint es vorteilhaft, auch die Verwendung einer „freien“ Datenbank in Betracht zu ziehen.

Die am häufigsten eingesetzten „freien“ SQL-Datenbanken sind MaxDB, PostgreSQL und MySQL.

MaxDB basiert auf SAP DB und ist deshalb besonders für die Verwaltung von Unternehmensressourcen ausgelegt. Eine hohe Performance, Multiprozessorunterstützung und inkrementelles Backup zeichnen MaxDB aus [31].

PostgreSQL unterstützt die Verwendung von sehr großen Datenbanken, insbesondere auch vieler Datentypen wie hochgenaue numerische und binäre Datentypen. Multisystemdatenbanken, Auslastungsbalance und Multiprozessorverwendung gehören zu den Eigenschaften [32].

MySQL wird von MySQL AB entwickelt [33] und für viele Anwendungen kostenlos bereitgestellt. MySQL wird bei großen Datenmengen und besonders in Verbindung mit Webservern bereits erfolgreich bei einer Vielzahl von Projekten eingesetzt [34]. Über eine große User-community ist ein relativ hochwertiger Support frei verfügbar. Die Eigenschaft, verschiedenste Tabellentypen verwenden zu können, eröffnet der Verwendung ein breites Spektrum. Anfragen können Tabellen, Datenbanken und Server umfassen und sind deshalb besonders flexibel einsetzbar. SQL als Standard wird nicht vollständig umgesetzt. Demgegenüber wurden jedoch wichtige Funktionen, und zwar die, mit denen die meisten Datenbankzugriffe erfolgen, optimiert. Besonders vorteilhaft ist der in den meisten Fällen mögliche Einsatz als freie Lizenz, wodurch die Kosten gering gehalten werden. MySQL verfügt über eines der höchsten Performance/Preis-Verhältnisse von allen relationalen Datenbanken [35].

2005 beherrschten Oracle (45 %), IBM (21 %) und Microsoft (17 %) den kommerziellen Markt für relationale Datenbanksysteme [36]. Bei MySQL ist aufgrund der geringen Erlöse (hauptsächlich für Wartung) kein bemerkenswerter kommerzieller Marktanteil vorhanden. Wird jedoch die Einsatzhäufigkeit betrachtet, ergibt sich ein anderes Bild. MySQL (29 %) wird am häufigsten eingesetzt, vor Oracle (23 %), Microsoft (24 %) und IBM (10 %) [37].

Aufgrund des häufig getesteten Einsatzes, der freien Anwendung und der guten Performance erscheint die Verwendung von MySQL als Datenbanksystem besonders günstig. Der Kostenvorteil gegenüber kommerziellen Anbietern ist ernorm. Aufgrund der besseren Unterstützung und der Optimierung für Lesezugriffe und Internetanwendungen zeichnet sich MySQL gegenüber anderen freien Datenbanken aus.

3.1.4. Datenverwaltungssysteme

3.1.4.1. medizinische Systeme

Schwerpunkt von Datenverwaltungssystemen in der Medizin sind Patientenverwaltung und Diagnostik. Bei der Patientenverwaltung geht es um Stammdaten, abrechnungsrelevante Daten und die Krankengeschichte. Diagnostische Daten wie Röntgenbefunde oder MRT-Daten (Magnetresonanztomographie), Laborwerte wie Glucosekonzentration oder Hormone im Blut und physiologische Daten aus der Körperfunktionsüberwachung werden dabei in der Regel den Patienten zugeordnet gespeichert. Besonders in großen medizinischen Einrichtungen werden alle Daten konzentriert in einem zentralen computergestützten Verwaltungssystem gehalten.

Viele medizinische Forschungsvorhaben beschäftigen sich mit der Heilung, Linderung oder Vermeidung bestimmter Krankheiten; dabei wird der Effekt des medizinischen Eingreifens beobachtet und ausgewertet [38]. Dazu werden physiologische Daten, Daten aus Fragebogenerhebungen und aus Laboruntersuchungen verwendet [39]. Eine kontinuierliche Langzeiterfassung direkt gemessener physiologischer Parameter ist dabei relativ selten. Eine Ausnahme bilden Forschungsvorhaben auf dem Gebiet der häuslichen Überwachung für postoperative Rehabilitation und die Pflege chronisch Kranker und Alter.

Krankenhausmanagementsysteme, auch HIS (Health/Hospital Information System) oder KIS (Krankenhaus-Informations-System) genannt, werden kommerziell unter anderen von Siemens (Siemens Medical Solutions[1]), 3M (3M Health Information System[2]), Nexus

[1] http://www.medical.siemens.com
[2] http://solutions.3m.com/wps/portal/3M/en_US/3MHIS/HealthInformationSystems/

(NEXUS.MedFolio[3]) oder AMC (Clinixx[4]) angeboten. Daneben existieren zumindest teilweise freie Projekte zur Entwicklung solcher Systeme[5].

Für diese Datenbankmanagementsysteme wurden die Anforderungen bereits vor über 30 Jahren formuliert [40]. Problemen in der Verarbeitung von Patientendaten und medizinischen Informationen sollte durch Aufbau und gezielte Anpassung von entsprechenden Systemen begegnet werden. Darunter wurde auch die medizinische Versuchsdurchführung und statistische Auswertung verstanden. Hauptansätze waren:

- die Entlastung von medizinisch geschultem Personal von nicht medizinischen Aufgaben,
- der einfache und effiziente Austausch von großen Datenmengen,
- die Verkürzung der Zeit von der Datenerfassung bis zur Auswertung,
- eine schnellere Erlangung und zuverlässigere Anwendung von Wissen und
- die Verbesserung der medizinischen Forschung.

Die Entwicklung vollzog sich dabei in mehreren Schritten vom AMR (Automated Medical Record – papierbasiertes automatisches Verfahren) bis zum EPR (Electronic Patient Record - patientenbasierte Zusammenführung aller medizinischen Informationen). Den letzten und sich zurzeit vollziehenden Entwicklungsschritt stellen EHR dar (Electronic Health Record – komplexe patientenbasierte Zusammenführung medizinischer und damit verbundener Daten wie

[3] http://www.nexus-ag.de/
[4] http://www.amc-gmbh.com/start.html
[5] http://www.care2x.org/

Sport, Ernährung usw.; Anwendung modernster Technologien für Zugriff und Verwaltung) [38].

Durch die zentrale Verwaltung der Patientendaten werden der Aufwand für manuelle Eingaben und die Fehlerrate reduziert [41]. Im Vordergrund steht die einfache Anwendung; im Hintergrund muss dem immensen Datenaufkommen jedoch mit einer effizienten (automatischen) Strukturierung der Datenbank begegnet werden [42]. Die Komplexität der Daten erfordert die Entwicklung spezieller Werkzeuge für Strukturierung, Visualisierung und Datenorganisation [43]. Nachteilig in so großen Systemen wirkt sich der steigende Sicherheitsaufwand aus. Die verbesserte elektronische Dateneingabe erleichtert zwar die Arbeit der Verwaltung, verringert in der Regel aber nicht den Zeitaufwand des medizinischen Personals für die Dokumentation [44].

HIS oder KIS können nur begrenzt für die zu lösende Aufgabe eingesetzt werden. Eine direkte Integration kontinuierlich erfasster Messdaten über Tage oder längere Zeiträume ist in ihnen nicht vorgesehen. Zum anderen sind diese Systeme in der Regel nicht durch den Anwender erweiterbar und relativ preisintensiv. Anregungen können jedoch für den Bereich der gesicherten Datenhaltung und des Umgangs mit vertraulichen Patientendaten entnommen werden.

Ein spezielles Problem stellen **grafisch orientierte Daten** dar, wie sie bei bildgebenden Untersuchungen (Radiologie, Sonografie oder Kernspinresonanztomografie) entstehen. Um den unterschiedlichen Datenformaten der verschiedenen Verfahren und konkurrierenden Hersteller zu begegnen, wurde ab 1983 der DICOM[6]-Standard (Digital Imaging and Communication in Medicine) entwickelt [45]. Der Standard umfasst neben der Speicherung der Bilddaten auch

[6] http://medical.nema.org/

Datenfelder für zusätzliche Informationen wie Patienten, Befunde, Geräteinformationen etc. Eine zentrale Rolle spielt die Verwendung von UID (Unique Identifiers), durch die jedes DICOM- Objekt eindeutig identifiziert werden kann.

Auch für das Bildmanagement und die Präsentation der Daten ist eine Standardisierung vorteilhaft [46]. Um schnell und gesichert auf Bilddaten in Verbindung mit anderen Daten der medizinischen Verwaltung oder Diagnostik zugreifen zu können, erfolgt die Datenverwaltung mit einem angepassten DBMS [47]. Oft werden objektorientierte Datenverwaltungssysteme eingesetzt.

Aufgrund der großen Datenmenge schon einzelner bildgebender Untersuchungen werden häufig zentral integrierte Verarbeitungsfunktionen angeboten, z. B. die automatische Suche nach bestimmten Auffälligkeiten. Diese Integration von Analyse- und Auswertefunktionen erhöht Qualität und Geschwindigkeit der Auswertung. Spezifische Filter und Darstellungen passen die Präsentation der Informationen der fachlichen Ausrichtung des untersuchenden Experten an [48].

Der Zugriff auf die zentral verwalteten Daten erfolgt in wachsendem Maße über vernetzte Strukturen (Intranet oder Internet). Wegen der großen Datenmengen und der Vielzahl möglicher gleichzeitiger Nutzer, die über Standardsoftware (Browser) auf vorausgewertete Daten zugreifen, werden zunehmend auch Datenkomprimierungsverfahren zentral integriert, um bei gleicher Qualität weniger Speicherbedarf für die Archivierung zu benötigen und eine schnellere Übertragung der Daten zu ermöglichen [49]. Je nach Anwendung müssen die Daten nur noch in ein Format konvertiert werden, das den Übertragungsschnittstellen und den Nutzerendsystemen gerecht wird [50].

Die Unterschiede zwischen den Bilddaten verarbeitenden Systemen und dem zu erstellenden System zur Erfassung und Verarbeitung von hauptsächlich chronologischen Messwerten sind schon von den Datenvolumina her beträchtlich. Trotzdem stellen die zentrale Verwaltung von Daten und Ergebnissen, die integrierte Auswertung von Daten, der verteilte Zugang über Intranet bzw. Internet und die möglichst effiziente Übertragung großer Datenmengen gute Lösungsansätze für das zu konzipierende System dar.

Die **Notfall- und Intensivmedizin** stellt ein weiteres verwandtes Anwendungsgebiet dar.

Hier benötigt der behandelnde Mediziner vor allem die rechtzeitige Bereitstellung von Messdaten. Da physiologische Parameter oft konkrete Körperfunktionen oder Dysfunktionen abbilden, zeigen die Messwerte kritische Zustände an bzw. werden als Entscheidungshilfen benötigt. Neben der reinen Messwertdarstellung werden deshalb auch Ergebnisse automatischer Analysen angezeigt. Diese Vorauswertung von Parametern kann kritische Zustände erkennen und der überwachenden Person ggf. Verhaltenshinweise geben. Dabei bleibt das System jedoch Hilfsmittel und kann den Experten selbst nicht ersetzen.

Informationen müssen spätestens nach einer definierten Zeit verfügbar sein, da die Informationen selbst nur eine bestimmte Zeit gültig sind, um sinnvoll genutzt werden zu können. Eine Online-Überwachung von physiologischen Parametern fordert von Analysefunktionen und Datenübertragung daher Echtzeitfähigkeit. Die teilweise komplexen Analysen über mehrere Parameter müssen deshalb speziell implementiert werden [51]. Um eine rechtzeitige Reaktion zu ermöglichen, müssen auch Darstellungsform und interne Datenformate an diese Anforderungen angepasst werden [52].

Neben diesen speziellen Eigenschaften in der Notfallversorgung müssen ausgewählte Daten bzw. Parameter archiviert werden, um unerwartete Änderungen bzw. Störungen zu dokumentieren und später eine detaillierte Analyse durchführen zu können.

In einigen Fällen, z. B. bei Patienten auf Intensivstationen, werden Überwachungen physiologischer Parameter auch über längere Zeiten automatisiert durchgeführt. Der Aufwand, alle Messwerte aller interessierenden Parameter von mehreren Patienten gleichzeitig zu überwachen, ist oft sehr hoch. Hier kommen Systeme zum Einsatz, die durch eine ständige Analyse der Daten kritische Zustände erkennen können und das Aufsichtspersonal darüber informieren [53]. Auch hier sind die Anforderungen an Rechtzeitigkeit und Ausfallsicherheit sehr groß.

In der Regel werden für die hier vorgestellten Anwendungsgebiete lokale Netzwerke eingesetzt. Die Notwendigkeit, schnell auf Ereignisse reagieren zu müssen, lässt Kommunikationswege über das Internet in der Regel nicht zu. Trotzdem können webbasierte Programme zur Anwendung kommen [54]. Die Übertragung erfolgt dann über das zuverlässigere Intranet der Klinik oder Abteilung.

Die in der Notfall- und Intensivmedizin überwachten Parameter und Daten sind weitgehend identisch mit denen des zu erstellenden Systems. Die konkreten Anforderungen unterscheiden sich aber, weil in der Notfallmedizin zuverlässige Echtzeitdaten gefordert werden und die Datenerfassung, Verarbeitung und Reaktion in der Regel örtlich konzentriert sind. Die integrierte Datendarstellung und die Möglichkeit einer Echtzeit- bzw. sehr zeitnahen Auswertung sollten nach entsprechender Anpassung auch in das zu realisierende System Eingang finden. So könnten zukünftig auch online- Datenerfassung und eine zeitnahe Auswertung und Reaktion ermöglicht werden.

In einer Reihe von Fällen der medizinischen Betreuung ist es hilfreich, ausgewählte physiologische Parameter zur Überwachung der Vitalfunktionen dauerhaft außerhalb einer stationären Behandlung aufzuzeichnen, auszuwerten und bei Bedarf auf diese zu reagieren.

Dieses **home-Monitoring** genannte Verfahren wird häufig bei chronisch Kranken, Behinderten, Neugeborenen und bei der Betreuung von Hilfebedürftigen eingesetzt. Besonders im Bereich der Altenpflege werden zurzeit Forschung und Entwicklung verstärkt, um Kosten zu sparen und die Betreuung zu verbessern [55], [56], [57].

Mit Hilfe minimal invasiver und intrusiver Sensoren direkt am Patienten oder durch mittelbare Sensoren, die z. B. am Bett angebracht sind, werden die Messwerte erfasst [58]. Ergänzend können Daten aus der Umgebung wie Temperatur und Verhaltensdaten wie Aktivitätsstatus bzw. Häufigkeiten von Bewegungen oder Passagen einbezogen werden.

Alle Daten müssen zugeordnet und gespeichert werden. Bei Bedarf müssen Teildatenmengen automatisch ausgewertet werden, um kritische Zustände zu erkennen und eingreifen zu können [59]. Die Übermittlung der Rohdaten, die sichere Speicherung und die Auswerte- und Benachrichtigungsfunktionen sind deshalb von großer Bedeutung [60]. Für die Datenhaltung und -verwaltung ergeben sich zum Teil spezielle Anforderungen.

Messwerterfassungs- und Sensorsysteme müssen über geeignete Zwischenspeicher verfügen, bevor die Daten kontinuierlich oder zu festgelegten Zeiten an eine Datenspeicherung überführt werden (können).

Daten werden in der Regel auf einem zentralen Server gespeichert. Dadurch ist für Datensicherheit und -archivierung weniger Aufwand notwendig und der parallele Datenzugriff durch mehrere überwachende Dienste, Experten oder auch Forscher kann einfacher koordiniert und praktiziert werden. Werden Ergebnisse oder Reaktionen ebenfalls zentral abgelegt, können diese mit eigenen Ergebnissen verglichen werden.

Wird eine Analyse der Daten vorgenommen, um bestimmte Situationen zu erkennen und auf diese reagieren zu können, muss sie Echtzeitbedingungen genügen. Tritt eine kritische Situation auf, wird automatisch ein Not- oder Pflegedienst verständigt [60].

Je nach spezieller Anwendung wird die zentrale Datenbank für die zu erfassenden Parameter und die zu realisierenden Funktionen optimiert [61].

Die Erfassung der Daten findet in der Regel zu Hause statt, die Datenspeicherung wird auf einem entfernten zentralen Server vorgenommen und die Auswertung durch medizinische Experten oder Forscher erfolgt wiederum an einem dritten Ort. Diese typische Situation erfordert geeignete Übertragungsmöglichkeiten auf Basis aktueller Kommunikationstechnologien für einen sicheren und zuverlässigen Datentransfer. Gesicherte und verschlüsselte Übertragungen über kabelgebundene und kabellose Wege stehen ebenso zur Verfügung wie die notwendigen Protokolle, um auch große Datenraten und -mengen zu handhaben. Diese wurden für den Datenaustausch im Intranet und Internet entwickelt und etabliert [62].

Auch für die Präsentation der aufgenommen Daten wird vielfach ein vorhandener Standard-Webbrowser eingesetzt. Die Daten werden dabei für eine reine Kontrolle, zur grafischen Analyse oder auch für weiterführende Auswertungen dargestellt. Außerdem können die überwachten Personen oder deren Familien auf diese Daten zugreifen [60] bzw. mit Pflegediensten kommunizieren [63].

Wegen ihrer funktionell großen Übereinstimmung zur gestellten Aufgabe wird hier das System **Karma2** kurz vorgestellt.

Karma2, eine Plattform für kabelloses Monitoring zu Hause von chronisch kranken Patienten, wurde von der Forschergruppe um Andrea Tura entwickelt [64]. Das System ermöglicht die Erfassung von Herzfrequenz, Sauerstoffsättigung im Blut und Atemfrequenz. Die Daten werden mittels Funk von den Sensoreinheiten an mobile PCs übertragen. Dabei werden die Daten in den Sensoreinheiten in einem Rohformat zwischengespeichert. Im PC werden daraus XML-Dateien (Extensible Markup Language) erstellt. Diese sind über Geräte und Patienten-Identifikationsnummern kodiert. Zusätzlich zu den Messwerten werden Zeitstempel abgelegt. Die XML-Dateien werden an einen Datenbankserver weitergeleitet, wo sie über eine SQL-Datenbank verwaltet werden. Die Daten selbst bleiben im XML-Format und werden an geeigneter Stelle gespeichert. Dateiname, Speicherort und zugehörige Daten wie Patientennummer, durchführender Versuchsleiter usw. werden in der Datenbank abgelegt. Soll auf bestimmte Daten zugegriffen werden, so kann eine Auswahl mit Hilfe von Datenbankabfragen stattfinden. Der Zugriff kann dann im XML-Format erfolgen. Meist wird dieses Format jedoch mit Hilfe einer DEE (Data Exchange Engine) aufgeschlüsselt, um grafische Darstellungen zu realisieren oder statistische bzw. analytische Berechnungen durchzuführen.

Die vorgestellte Technik hat sich grundsätzlich bewährt. Die grafische Darstellung der Daten ist über eine Web-Schnittstelle möglich. Es können statistische Analysen durchgeführt werden, um Abweichungen von Mittel- oder Durchschnittswerten zu identifizieren. Allerdings müssen die Daten bei jeder Anwendung konvertiert werden. Die Verarbeitung von Daten im XML-Format ist in der Regel deutlich langsamer als die von Daten in relationalen Datenbanken [65]. Im vorliegenden Fall werden die XML-Dateien auch vornehmlich im Sinne der eigentlichen Konzeption der barrierefreien Datenübertragung zwischen verschiedenen Systemen genutzt.

Mehrere Nachteile schließen die Nutzung von Karma2 für das zu realisierende System aus. Der gleichzeitige Zugriff durch mehrere Nutzer ist prinzipiell nur auf das Verwaltungssystem und nicht auf die Daten möglich. Schnelle Datenzugriffe für weiterführende Analysemethoden sind nicht vorgesehen. Zudem ist das System nicht frei beziehbar und kann deshalb nicht verwendet werden.

3.1.4.2. Datenverwaltung in der Forschung

Ein vergleichbarer Ansatz für die Verwaltung von großen Mengen an Messwerten kann auch in anderen Forschungsgebieten gefunden werden.

Hierzu gehören u. a. Biologie, Chemie und spezielle Projekte aus anderen Bereichen. Besonders hohe Datenaufkommen sind in der **Genomforschung**, der **Molekularbiologie** und bei **chemischen Analysen** im High-Throughput-Bereich zu verzeichnen [66], [67].

In der **Genomforschung** werden relativ große Datenmengen verarbeitet, die Datenmenge aller Chromosomen eines einzigen Menschen wird mit 3 GB angegeben. Die Struktur der Daten unterscheidet sich jedoch von der chronologischer Messwerte, weil Lokalisation und Organisation der Daten die Hauptrolle spielen. Auf diese Anforderungen wurden das Datenmanagement und die computerisierte Analyse in der Gen- und Genomforschung abgestimmt. [68], [69].

Für die **Molekularbiologie** werden bioinformatorische Datenbanken, die sehr heterogen bezüglich der Daten, Datenmodellierung, Verwaltung und der integrierten Analysewerkzeuge sind, eingesetzt. Oft sind die Methoden für Erstellung, Datenupdate und -abfrage einzigartig und kommen so kaum in anderen Anwendungen vor [70]. Weil oft Forschergruppen an unterschiedlichen Orten weltweit zusammenarbeiten, spielen die Verwaltung und der parallele Zugriff auf die Daten über möglichst herkömmliche Netzwerke eine herausragende Rolle. Ein relativ hoher Aufwand für eine weitgehend zentralisierte Datenverwaltung und eine ebenfalls zentralisierte bioinformatorische und mathematische Auswerteunterstützung senken den Aufwand bei der Bestimmung von Proteinstrukturen beträchtlich [71].

Gute Zugriffmöglichkeiten und geringer Konfigurationsaufwand wurden mit verteilten Clientsystemen und einem webbasierten Zugriff erzielt [72].

Im Bereich der **Chemie** existieren eine Reihe sehr spezieller Anwendungen zur Datenverwaltung und integrierten Analyse. Dabei werden verschiedene Kombinationen von reiner Datenbank, Reliabilitätstest und Auswertemethoden bereits seit Jahren eingesetzt, ohne dass sich eine standardisierte Lösung durchgesetzt hätte [73]. In einem speziellen Projekt der **Quantenchemie** wird ein System aus Datenbank und ferngesteuerten Serverroutinen und Visualisierungsmethoden eingesetzt, auf das über Standard-webschnittstellen zugegriffen werden kann [74].

Andere Projekte z. B. aus der **Fusionsforschung** [75] und der **Luft- und Raumfahrt** stellen spezielle Anforderungen an die Datenverwaltungs- und Erfassungssysteme. Es werden zwar auch multiple Datenquellen wie elektrostatische Sensoren, Massenspektrometer, elektrische und magnetische Feldsensoren eingebunden, die enorme Datenflut während kurzer Untersuchungsperioden erfordert jedoch speziell angepasste elektronische Datenverarbeitungseinheiten. Hardware und Software von üblichen DBMS können diesen Ansprüchen nicht gerecht werden [76].

In den **Biowissenschaften** werden überwiegend nicht spezielle Datenverwaltungssysteme eingesetzt. Neben Verwaltung und Speicherung der Daten können über Abfrageroutinen einzelne Datensätze generiert werden. Die effektive Integration von multiplen Datenquellen und die Anpassung des DBMS an die speziellen Anforderungen und Modelle der zugrunde liegenden biologischen Prozesse stellen jedoch immer noch eine Herausforderung dar [77]. Der Möglichkeit von weiterführenden Datenpräsentationsmethoden, der Anwendung von Daten verdichtenden, statistischen und mathematischen Funktionen und der automatischen Abarbeitung solcher Methoden galt bisher noch wenig Aufmerksamkeit.

3.1.4.3. Auswahl von Prinzipien

Alle betrachteten Datenverwaltungssysteme sind auf die jeweiligen Besonderheiten der Anwendung zugeschnitten. Eine direkte Anpassung an das zu erstellende System ist nicht möglich, obwohl einige Teilaspekte ähnlich oder sogar identisch anmuten. Jedoch können einige Konzepte und Ansätze übernommen werden.

Am ehesten wäre die Datenverwaltungstechnik des Projekts Karma2 geeignet. Dateninhalte, Präsentation und Anwendung entsprechen weitgehend den Erfordernissen. Jedoch wird ein für größere Datenmengen ungeeignetes DBMS verwendet. Für einen schnellen Datenzugriff durch mehrere Clients gleichzeitig und für automatisierte

Datenverdichtungsprogramme ist die Verwendung einer relationalen Datenbank unumgänglich. Dabei sollten die Strukturen für Mess- und Verwaltungsdaten möglichst getrennt implementiert werden.

Ein zentral verwaltetes DBMS und der Zugang zu den Daten durch Verwendung eines Webinterfaces über Standardbrowser- und Netzwerktechnik haben sich in vielen Fällen bewährt. Die Struktur sollte dabei zumindest dreistufig sein, um eine entsprechende Datensicherheit gewährleisten zu können.

Die Integration und zentrale Bereitstellung von Auswertemethoden wurden bereits in mehreren Projekten genau zugeschnitten auf die jeweiligen Modelle und wissenschaftlichen Anforderungen vorgenommen [78]. Sie erscheinen prinzipiell ebenfalls von Vorteil zu sein.

Die Integration von externem Wissen im Sinne der Ein- oder Anbindung einer bestehenden Lösung ist nicht direkt gegeben. Zum einen ist keine frei zugängliche fachspezifisch arbeitsphysiologische Datenbank bekannt, zum anderen sind arbeitsphysiologische Untersuchungen meist streng definiert und gekapselt. Auch bei Anwendungen, die allgemein statistische Prozeduren oder andere Daten verdichtenden Verfahren wie z. B. Zeitbereich-Frequenzbereich-Transformationen bereitstellen, erscheint wegen der speziellen Datenstruktur arbeitsphysiologischer Daten nur eine partielle Anbindung über ausgewählte und entsprechend angepasste Daten sinnvoll.

3.2. Datenerfassung

Die Erfassung physiologischer Parameter spielt in der arbeitsphysiologischen Forschung und Prävention eine große Rolle. Je nach Einsatzgebiet und -ziel und den daraus resultierenden Anforderungen werden unterschiedliche physiologische Größen gemessen und ausgewertet. Dabei werden stationäre und mobile Datengewinnung eingesetzt. Die gewonnenen Daten stehen entweder in Echtzeit oder zeitlich entkoppelt für eine Auswertung zur Verfügung.

3.2.1. Die wichtigsten physiologischen Parameter

In der arbeitsphysiologischen Forschung werden vorrangig folgende physiologische Kenngrößen bestimmt, um die Reaktion des Körpers auf Belastungen zu erfassen.

Das Elektrokardiogramm (EKG) zeichnet durch das Herz erzeugte Potentialdifferenzen an der Hautoberfläche zeitbezogen auf [79]. Eine vom Sinusknoten ausgehende elektrische Erregung des Herzens geht jeder Kontraktion des Herzmuskels (Pumpvorgang) voraus. Anhand des Erregungsverlaufes können Rückschlüsse auf Beanspruchung und eventuelle Fehlfunktionen abgeleitet werden.

Die Herzschlagfrequenz gibt die Anzahl der Herzmuskelkontraktionen in einer bestimmten Zeiteinheit an; in der Regel Herzschläge pro Minute. Sie wird als ein Indikator für die Erfassung der physischen und psychischen Beanspruchung eingesetzt [80].

Die Herzfrequenzvariabilität (HRV - heart rate variability) ist ein Maß für die Variation der Dauer von aufeinander folgenden Herzschlägen. Ein besonders markanter Bereich im EKG, die R-Zacke dient als Triggerpunkt. Der Zeitabstand zwischen zwei Herzschlägen (R-Zacken) wird als Herzschlagintervall bezeichnet. Die zeitliche

Änderung der Herzschlagintervalle ist ein Maß für die HRV. Auch die HRV wird zur Detektierung der physischen und psychischen Beanspruchung erfasst [81].

Der Blutdruck (BP – blood pressure) gibt den Druck des Blutes in den Blutgefäßen an. Herkömmlich erfolgt die Messung an den Oberarmarterien. Der Blutdruck ist bedingt durch die Pumpfunktion des Herzens in Zusammenhang mit dem dämpfenden Gefäßsystem Schwankungen ausgesetzt. Der systolische Wert gibt dabei das Maximum an und der diastolische das Minimum; als weitere Kenngröße wird der mittlere arterielle Druck verwendet [82].

Zu den Atemgasparametern gehören die Sauerstoffaufnahme und die Kohlendioxidabgabe eines Organismus [83]. Über das Verhältnis der beiden Kenngrößen können Rückschlüsse auf die Stoffwechselvorgänge gezogen werden. Werden diese Parameter bei Belastungstests aufgenommen, können sie Aussagen über die Leistungsfähigkeit liefern [84].

Die Atemfrequenz gibt die Anzahl der Atemvorgänge pro Zeiteinheit (meistens pro Minute) an [85]. Das Atemminutenvolumen (auch Atemtiefe) gibt das Gasvolumen, das in einem Atemzug geatmet wird, an [86].

Beanspruchungsreaktionen des menschlichen Organismus spiegeln sich auch in unterschiedlichen Hormonkonzentrationen in Körperflüssigkeiten wider. Einige Hormonkonzentrationen sind dazu geeignet, physische oder psychische Beanspruchung zu erkennen, z.B. dient Speichelcortisol als Stressmarker [87].

Veränderungen von Enzymkonzentrationen lassen ähnlich wie Hormone Rückschlüsse auf Beanspruchungsreaktionen zu. Als

Beispiel sei die Speichelamylase für die Detektierung von Übermüdungszuständen genannt [88].

Auch die Konzentrationen bestimmter chemischer Bestandteile des Körpers sind messbar und lassen Rückschlüsse auf die Körperfunktionen zu. Das Laktat (Salz der Milchsäure) wird insbesondere durch den anaeroben Stoffwechsel in Muskelzellen gebildet. Werden die Laktatwerte während eines leistungsdiagnostischen Tests erhoben, lassen sie eine Bewertung der körperlichen Leistungsfähigkeit bzw. des aktuellen körperlichen Zustandes zu [89].

Einige physiologische Kenngrößen werden zur Bestimmung und Einteilung von körperlichen Merkmalen eingesetzt. Zum Beispiel ist der Körperfettanteil ein wichtiger Indikator für die arbeitsphysiologische Leistungsdiagnostik. Neben dem Ernährungszustand kann auch die körperliche Leistungsfähigkeit beurteilt werden. Der absolute und relative Anteil des Körperfetts wird im Wesentlichen aus calipermetrischen Messwerten bestimmt, wobei die Hautfaltendicke an festgelegten Messpunkten erfasst wird. Über verschiedene Nährungsformeln, die zusätzlich Alter, Geschlecht und Körpermasse berücksichtigen, kann der relative Körperfettanteil berechnet werden; in Kombination mit der Körpermasse auch der absolute Fettgehalt [90].

3.2.2. Stationäre und mobile Datenerfassung

Eine stationäre Messung bietet viele Vorteile gegenüber der mobilen Datenerfassung. Die Durchführung und Überwachung von Versuchen ist in der Regel einfacher, weil der Einsatzort genau bekannt ist, und das versuchsdurchführende Personal direkt vor Ort verfügbar ist. Definierte und leicht zu kontrollierende Versuchsbedingungen fördern die Reproduzierbarkeit und verringern die Fehlermöglichkeiten und -

raten. Stationäre Geräte können im Allgemeinen wesentlich kompliziertere Messverfahren umsetzen. Einige Parameter sind zurzeit nur so zu erfassen; bei anderen können genauere und zuverlässigere Messverfahren eingesetzt werden. Für die Validierung und Evaluierung von Untersuchungsmethoden sind stationär durchgeführte Versuche deshalb unerlässlich. Im Folgenden werden Beispiele für stationäre Messgeräte, die unter anderem am Institut für Präventivmedizin zum Einsatz kommen, aufgeführt.

Atemgasparameter werden oft während Belastungsuntersuchungen auf einem Laufband- oder Fahrradergometer analysiert. Mit einem *Oxycon Pro* der Fa. Viasys Healthcare können simultan unter anderem die Sauerstoffaufnahme, die Kohlendioxidabgabe, die Atemfrequenz und das Atemvolumen erfasst werden [91]. Die stationäre Ausführung ermöglicht den Einsatz von hochempfindlichen Sensoren. Für die Konzentrationsbestimmung kommen ein paramagnetischer Sauerstoff-Differentialanalysator und ein Infrarot-Kohlendioxid-Analysator zum Einsatz [92]. Die Erfassung der geatmeten Volumina wird mit Hilfe eines bidirektionalen, digitalen Volumensensors durchgeführt (Messung der Durchflussgeschwindigkeit und rechentechnische Verarbeitung). Zusätzlich wird über ein Modul ein EKG aufgezeichnet. Die PC-basierte Technik erlaubt weiterhin die Ansteuerung von verschiedenen Ergometern und die Speicherung der jeweiligen Leistungsstufen. Die Daten der Atemgasparameter, die EKG-Daten und die Aufzeichnungen über die Ergometerparameter werden zeitlich synchron gespeichert und können so verarbeitet und ausgewertet werden.

Die Blutdruckmessung kann über invasive und indirekte Verfahren erfolgen. Die invasive Methode ist aufwändig und wird in der Regel nur in der Intensivmedizin angewandt; deshalb wird nur die indirekte

Blutdruckbestimmung, die in der Arbeitsphysiologie von Bedeutung ist, betrachtet. Die Blutdruckbestimmung kann manuell oder automatisch durchgeführt werden. Bei der manuellen Messung wird die auskultatorische Messmethode nach Korotkoff angewandt. Dabei werden Auftreten und Verschwinden der Korotkoff-Töne bei kontinuierlicher Druckreduzierung einer kompressiven Armmanschette beobachtet, und die jeweiligen Manschettendrücke spiegeln dann den systolischen und diastolischen Blutdruck wider [93]. Diese Messmethode wird zum Beispiel beim stationären automatischen Blutdruckgerät, das in das Fahrradergometer *ER900* der Fa. Ergoline integriert ist, angewendet [94].

Zur bereits erwähnten Methode der Körperfettbestimmung werden personenbezogene Daten wie Alter und Geschlecht sowie Messwerte zur Masse und Hautfaltendicke benötigt. Die Massenbestimmung kann über herkömmliche medizinische Waagen erfolgen z.B. *Personenwaage 7700* der Fa. SOEHNLE [95]. Die Bestimmung der Hautfalten erfolgt an zwölf definierten Körperstellen mit Hilfe eines speziell entwickelten Calipers auf Basis eines digitalen Messschiebers mit integrierter Messwertübergabe an einen PC [96]. Aufgrund des modularen und mobilen Systemaufbaus können Untersuchungen auch außerhalb des Labors durchgeführt werden. Das Konzept der Untersuchung und die relativ zeitstabilen Messwerte machen eine automatische Untersuchung unter Feldbedingungen (normaler Arbeitsalltag) nicht notwendig.

Für die Messung von Cortisol und Amylase bzw. anderer speichelimmanenter körpereigener Stoffe werden Salivetten verwendet [97]. Der Speichel wird durch Kauen vom Watteteil der Salivette aufgenommen und kann später in einem speziellen Labor untersucht und analysiert werden.

Für die Bestimmung von Laktatkonzentration in Kapillarblut wird das stationäre Messgerät *Miniphotometer 8* der Fa. Lange verwendet [98]. Dabei wird eine bestimme Menge Blut in eine Küvette gegeben. Das darin enthaltene Reagenz bildet zusammen mit dem Blutlaktat einen photometrisch detektierbaren Farbstoff aus.

Mobile Datenerfassungssysteme erlauben im Gegensatz zu stationären Datenerfassungssystemen eine flexiblere Planung und Durchführung von Versuchen. Sie erlauben die Datenerfassung im Feld, also in der natürlichen Arbeits- und Lebensumgebung der Probanden, ggf. auch Langzeituntersuchungen über mehrere Stunden oder Tage. Bei der Verwendung stationärer Messgeräte ist dies nur mit großem organisatorischen Aufwand und erheblichen Einschnitten in den Tagesablauf des Probanden möglich, wodurch Versuchsergebnisse verfälscht werden können. Die Vorteile bei der Versuchsgestaltung müssen jedoch durch teilweise weniger genaue Messwerte, geringere Aufzeichnungsdichten und größere Störungsraten erkauft werden.

Für Feld- und/oder Langzeitaufzeichnungen des EKG werden die Geräte *Cardiolight Smart Recorder* und *Telesmart H* der Fa. Medset Medizintechnik GmbH eingesetzt. Beide Geräte können zwei oder drei EKG-Kanäle parallel erfassen; dabei werden bis zu 7 Klebeelektroden platziert. Der *Cardiolight Smart Recorder* kann bis zu 48 Stunden ohne einen Batteriewechsel aufzeichnen; die Abtastrate beträgt dabei 5 ms [99]. Der *Telesmart H* verfügt zusätzlich über ein Display für eine optische Kontrolle der Elektrodenplatzierung und des EKG. Es können bis zu 7 Tage ohne Unterbrechung aufgezeichnet werden. Die zeitliche Auflösung des EKG kann unter Reduzierung der Aufnahmedauer auf 1 ms erhöht werden [100]. Die Daten werden nach Beendigung der Aufzeichnung von den geräteinternen

Speicherkarten für die Bearbeitung auf einen PC übertragen. Neben den eigentlichen EKG-Daten können dann mit Hilfe der Herstellersoftware Cardiolight auch die durchschnittliche Herzschlagfrequenz und die Herzschlagintervalle für die Bestimmung der Herzfrequenzvariabilität berechnet und ausgegeben werden [101].

Für die direkte Messung der Herzschlagintervalle zur Bestimmung der Herzschlagfrequenz und der Herzfrequenzvariabilität werden Herzfrequenzmonitore verwendet. Über einen Brustgurt werden die Herzschläge anhand der R-Zacke detektiert. Die zeitliche Auflösung beträgt in der Regel 1 ms. Zu jedem erkannten Herzschlag wird ein Signal an eine Speichereinheit, meist in Form einer Sportuhr, gesendet. Hier können die Daten dann abgespeichert und die Momentanwerte angezeigt werden. Die Daten werden dann je nach vorhandener Schnittstelle kabellos oder kabelgebunden an einen PC für die weitere Verarbeitung übertragen. Der *Herzfrequenzmonitor S810i* der Fa. Polar zeichnet Herzschlagintervalle bis zu 5 Stunden und durchschnittliche Herzschlagdaten mehrere Tage auf [102]. Mit dem *Herzschlagmessgerät T6* der Fa. Suunto können bis zu 100.000 Herzschlagintervalle registriert werden, das entspricht in etwa einem kompletten Tag [103]. Bei Verwendung eines Smart Belt der Fa. Suunto werden die Herzschlagintervalle zusätzlich zur Übertragung in einem brustgurtinternem Speicher abgelegt. Auf diese Weise können bis zu 1.000.000 Herzschlagintervalle, entsprechend ca. einer Woche kontinuierlicher Messung, aufgezeichnet werden [104].

Kontinuierliche Langzeitmessungen des Blutdrucks werden mit den Blutdruckautomaten *TM-2420* und *TM-2430* der Fa. BOSO vorgenommen. Das BOSO TM-2420 misst nach dem auskultatorischen Messprinzip [105]. Diese Methode reagiert jedoch empfindlich auf Störgeräusche und kann deshalb nur bedingt für Feldmessungen eingesetzt werden. Das Gerät TM-2430 arbeitet nach dem oszillometrischen Messverfahren. Es können bis zu 300 Messwerte aufgezeichnet werden; bei einem minimalen Intervall von 5min werden in 24 Stunden 288 Werte gespeichert [106].

Das Laktatmessgerät *Lactate Scout* der Fa. SensLab ist für den flexiblen Feldeinsatz konzipiert worden. Für jede Messung wird ein neuer Messstreifen verwendet. Auf diesen wird ein Tropfen Blut gegeben, die Analyse dauert dann in der Regel 15 Sekunden. Es können bis zu 250 Messwerte aufgezeichnet und unter Verwendung einer Kabelverbindung an einen PC übertragen werden [107].

Die Herzfrequenzmonitore Polar S810i und Suunto T6, der Blutdruckautomat BOSO TM-2430, anthropometrische und allgemein physiologische Daten und Stoffwechselparameter wie Enzyme- und Hormonkonzentration werden in hohem Maße für arbeitsphysiologische Untersuchungen verwendet. Deshalb ergibt sich die Notwendigkeit, bevorzugt diese Messgeräte bzw. Parameter in das System zu integrieren.

3.2.3. Echtzeit- und zeitlich entkoppelte Datenerfassung

Die Übertragung und Verarbeitung der erfassten Daten können entweder in Echtzeit oder zeitlich entkoppelt erfolgen.

Die zeitlich entkoppelte Auswertung von Versuchsdaten ermöglicht eine sehr unabhängige Datenerfassung und eignet sich insbesondere für Feldmessungen. Die Geräte zur Messdatenerfassung sind speziell für den flexiblen und mobilen Einsatz optimiert und verfügen deshalb nicht oder nur bedingt über Möglichkeiten zur Datenauswertung bzw. direkten Interaktion. In der Regel werden die Daten nach Abschluss einer Untersuchung an einen PC oder Server übertragen, und unter Nutzung der dort vorhandenen Programme und Ressourcen wird dann die Auswertung vorgenommen [108], [109].

Einen anderen Ansatz verfolgt die Methode der Echtzeitdatenauswertung. Die Messdaten werden schon während der Untersuchung in Echtzeit ausgewertet und es kann auf potentiell gefährdende Situationen sofort reagiert werden. Die Auswertung kann entweder direkt im Datenerfassungsgerät erfolgen oder die Daten werden ständig an einen Server übertragen und dort ausgewertet [110], [111]. Über einen Rückkanal können dann je nach Bedarf Anweisungen an die arbeitende Person gegeben, die Arbeitsaufgabe oder die Arbeitsumgebung angepasst oder in anderer geeigneter Weise reagiert werden. In einer möglichen Anwendung kann bei überwachenden Bildschirmarbeitsplätzen über eine Anpassung von Benutzeroberflächen bzw. Bedienumgebungen eine Anpassung der Arbeitsbelastung an die vorliegende Beanspruchung erfolgen [112]. Im Hinblick auf eine spätere Anwendung von Auswertung und Rückkopplung in Echtzeit ist es sinnvoll, Messgeräte so auszuwählen bzw. zu konzipieren, dass die Datenübertragung in Echtzeit erfolgen kann.

3.2.4. Situative Daten und Fragebögen

Unter situativen Daten sind allgemein äußere Bedingungen und aktuelle Besonderheiten, die sich auf physiologische Parameter auswirken können, zu verstehen. Insbesondere sind dies die aktuelle Tätigkeit und aktuelle Umgebungseinflüsse. Die Erfassung situativer Daten und die Erhebung von Fragebögen erfolgte in der Vergangenheit standardmäßig mit der Papier-Bleistift-Methode. Diese Methode erfordert eine manuelle Nachbearbeitung und Übertragung der Daten, welche Fehler verursachen können und einen erhöhten Aufwand bedeuten. Im Zuge der technischen Entwicklung wurden elektronische Systeme zur Unterstützung der Datenerfassung situativer Daten (Protokolle) und für die Erhebung von Fragebögen entwickelt [6].

Als Beispiel sei die Entwicklung des elektronischen Protokollierungssystems MONITOR genannt [12], [113]. Vorteile sind die automatische und damit sehr genaue Protokollierung der Datenerfassungszeiten, Auswahlmöglichkeiten, die den Gegebenheiten einer Untersuchungsreihe angepasst werden können und ein interaktives Monitoring [114]. Durch einfache und schnelle Bedienbarkeit wird die Akzeptanz in der Untersuchungsgruppe erhöht. Nachteilig am Konzept von MONITOR ist die fehlende automatische Datenübertragung und Datenbankanbindung, die eine manuelle Datenübertragung nach Beendigung eines Versuches notwendig machen. Weiterhin ist das System nicht frei verfügbar und kann deshalb im Rahmen des zu erstellenden Systems keine Anwendung finden.

Elektronische Protokollierungssysteme sind in der Regel speziell auf eine Anwendung zugeschnitten. Deshalb ist die Verwendung für das geforderte System nicht sinnvoll, selbst wenn solche Protokollierungssysteme frei verfügbar wären. Wichtige ergänzende Punkte sind:

- gute Bedienbarkeit (Einhandbedienung)
- Standardhardware für eine günstige Kostenstruktur
- mobile Funkschnittstellen für die Kommunikation und Datenübertragung

- einfache und flexible Ergänzung und Erweiterung situativer Daten und Fragebögen für Versuchsplanung.

Es wurde bereits ein elektronisches Datenerfassungssystem, auf Basis eines mit selbst entwickelter Software ausgestatteten Mobilfunktelefons, entwickelt [115], [116]. Dieses System wird als Grundlage für neue Funktionalitäten verwendet und entsprechend der zusätzlichen Anforderungen erweitert.

3.3. Auswerteverfahren

Für die Auswertung von Messdaten aus der Arbeitsmedizin, von physiologischen Messdaten oder Fragebögen werden spezielle Auswerteverfahren angewendet.

Viele medizinische und physiologische Daten werden nach etablierten Verfahren, hauptsächlich der deskriptiven Statistik, ausgewertet und dargestellt. Zu diesen Verfahren gehören die Berechnungen von Mittelwert, Median, Varianz, Standardabweichung und Variationsbreite [117]. Auf diese Weise werden Vergleichswerte von z.B. Blutdruck oder Herzfrequenz über quasistationäre Zeitbereiche ermittelt und verglichen. Quasistationäre Bereiche sind solche, in denen sich die betrachtete Messgröße nicht oder nur unwesentlich ändert. Je nach zeitlicher Veränderung einer Messgröße können solche Bereiche in der Länge von Sekunden bis Minuten und Stunden variieren.

$$\overline{x} = \frac{1}{n}\sum_{i=1}^{n} x_i$$

Formel 1: Arithmetisches Mittel

$$\tilde{x} = \begin{cases} x_{\frac{n+1}{2}} & n \quad ungerade \\ \frac{1}{2}\left(x_{\frac{n}{2}} + x_{\frac{n}{2}+1}\right) & n \quad gerade \end{cases}$$

Formel 2: Median

$$\mathrm{var} = \frac{1}{n-1}\sum_{i=1}^{n}(x_i - \overline{x})^2$$

Formel 3: Varianz

$$\sigma_x = \sqrt{\mathrm{var}(x)}$$

Formel 4: Standardabweichung

$$R = x_{\max} - x_{\min}$$

Formel 5: Variationsbreite

Die Fragebögen „KAB - Kurzfragebogen zur aktuellen Beanspruchung" und „NASA-TLX – NASA-Task Load Index" beinhalten eine Verarbeitung der aufgenommenen Daten zu leichter zu interpretierenden und zu vergleichenden numerischen Werten. So wird aus den 6 numerischen Antworten eines KAB der Mittelwert gebildet, der die aktuelle Beanspruchung als Zahlenwert zwischen minimaler (1) und maximaler (6) Beanspruchung abbildet [13]. Die Antworten eines NASA-TLX werden gewichtet gemittelt, um die Gesamtarbeitsbelastung zu berechnen [14].

Die spontanen Änderungen und Variationen der Herzschlagintervalle werden als Herzfrequenzvariabilität (HRV – heart rate variability) bezeichnet. Die Auswertung dieses Parameters kann über verschiedene Verfahren erfolgen. So lassen sich im Zeitbereich Kenngrößen wie mittlere RR-Intervalldauer und Standardabweichung der RR-Intervalle ermitteln. Zusätzlich können in einem zweidimensionalen Verfahren (Poincaré Plot) über eine Autokorrelation der Messreihe klinisch relevante Kennwerte wie Lage und Größe der durch die Messwerte aufgespannten Punktewolke ermittelt werden [118]. Als wesentliche Auswertemethode der HRV in der arbeitsphysiologischen Anwendung sei die Spektralanalyse genannt [119]. Dieses mathematische Verfahren verspricht eine hohe Aussageverdichtung der Informationen der Herzschlagintervallreihe. Voraussetzung für eine Spektralanalyse sind äquidistante Beobachtungszeitpunkte. Für die Wahrung des absoluten Zeitbezugs müssen die Intervallreihen deshalb durch Unterabtasten in eine quasi-äquidistante Zeitreihe überführt werden. Die Fouriertransformation und besonders die Fast Fourier Transformation (FFT) bieten eine schnelle und effiziente Ermittlung der Frequenzparameter. Ebenso können autoregressive Verfahren zum Einsatz kommen. Diese beiden Verfahren lassen eine schnelle Berechung zu, erfordern aber stationäre Signale. Eine Wavelet-Transformation ist zwar wesentlich zeitaufwändiger, kann jedoch ohne Signalstationarität angewendet werden und deshalb spontane Spektralveränderungen detektieren [120]. Die Kombination mit weiterführenden Analysemethoden wie Fuzzy Modelling oder Fuzzy Clustering verspricht eine gezielte Informationsverdichtung zur Detektierung von Beanspruchungszuständen [121].

Im Institut für Präventivmedizin werden eine Reihe von selbst entwickelten Auswertemethoden und Algorithmen angewendet. Es werden beispielhaft zwei Methoden vorgestellt, die für die Interpretation von anthropometrischen Messdaten bzw. zur Bestimmung der physischen Fitness eingesetzt werden.

Im Programmmodul „Anthro" werden Körperbautyp, Körperzusammensetzung nach drei verschiedenen Verfahren, Idealgewicht und Ernährungszustand ermittelt. Zusätzlich kann für Kinder der Körperbauentwicklungsindex und das biologische Alter bestimmt werden. In der ursprünglichen Version wird durch das

Vollprogramm „Anthro“ auch eine Echtzeitdatenerfassung vorgenommen [122].

Eingangsdaten sind Hautfaltendicken an normierten Positionen, Körpermaße wie Höhe, Brustkorbtiefe und –breite und Beckenbreite, Masse, Geschlecht und Alter. Das Programmmodul „Anthro“ ermöglicht die Aufzeichnung der Daten direkt über elektronisch gekoppelte Messgeräte bzw. über eine separate Dateneingabe. Die Auswertung erfolgt aufgrund der schnellen Routinen ohne Zeitverzug [122]. Typische Kenngrößen sind beispielhaft Gesamtkörperfettmenge (GFK) nach Möhr/Johnsen [123], der Metrik-Index (MI) nach Stoll [124] und der Body-Mass-Index (BMI).

$$\begin{array}{ll} \textit{Männer} & GFK(\%) = -16{,}2 + 9{,}367 \times \lg(HFD_4) + 13{,}462 \times \lg(HFD_6 + HFD_7) + 5{,}298 \times \lg(HFD_8) \\ \textit{Frauen} & GFK(\%) = -20{,}9 + 17{,}305 \times \lg(HFD_4) + 12{,}012 \times \lg(HFD_6 + HFD_7) + 6{,}293 \times \lg(HFD_8) \end{array}$$

Formel 6: Gesamtkörperfettmenge nach Möhr/Johnsen

$$\begin{array}{ll} \textit{Männer} & MI = 0{,}12369 \times ((1{,}284 \times Brustkorbtiefe - 2{,}295) + (Beckenbreite - 0{,}3295 \times Körperhöhe)) \\ \textit{Frauen} & MI = 0{,}1669062 \times ((1{,}05 \times Brustkorbtiefe - 15{,}8) + (Beckenbreite - 0{,}208 \times Körperhöhe)) \end{array}$$

Formel 7: Metrik-Index nach Stoll

$$BMI = \frac{Körpergewicht}{(Körperhöhe)^2}$$

Formel 8: Body-Mass-Index

Die Auswertemethode „Fuzzy-Fitness-Schätzung“ bestimmt die physische Fitness auf einer virtuellen Skala von 0 bis 1. Die Methode wurde auf Basis einer Fuzzy-Modellierung entwickelt. Die Eingangsgrößen fettfreie Körpermasse und die relative und die absolute maximale Sauerstoffaufnahme wurden durch ein Optimierungsverfahren aus einem Pool von Parametern ausgewählt. Die Auswertung kann direkt gekoppelt mit den Ergebnissen anderer Methoden (wie „Anthro“) angewendet werden. Ebenso ist eine entkoppelte Ausführung unter separater Eingabe der Kenngrößen möglich [125].

$$physical\ fitness = f_{fuzzy}\left(LBM, absVO_{2\max}, relVO_{2\max}\right)$$

Formel 9: Fuzzy Fitness Schätzung

Im Folgenden werden einige Auswertemethoden vorgestellt, die sinnvoll in Echtzeit durchgeführt und deren Ergebnisse direkt oder indirekt rückgekoppelt werden können.

Die Herzfrequenz und der Blutdruck können in Echtzeit ausgewertet werden. Ein relativ einfaches Verfahren bewertet den gleitenden Mittelwert in Bezug zu Schwellen, die alters- und geschlechtspezifisch festgelegt bzw. individuell ermittelt wurden. Bei Über- oder Unterschreitungen sind verschiedene zeitnahe Rückmeldungen wie Reduzierung der körperlichen Belastung oder Intensivierung des Ausdauertrainings denkbar. Die Anwendung kann in arbeitsphysiologischen und präventiven Gebieten mit kardiopulmonaler Belastung erfolgen.

Eine Echtzeitauswertung von EKG-Signalen ermöglicht eine kontinuierliche Überwachung von Risikopersonen oder Patienten. Im Falle einer lebensbedrohlichen oder kritischen Situation können diese sofort erkannt und entsprechende Maßnahmen eingeleitet werden [126]. Auch die Echtzeitanalyse der HRV aus den EKG-Daten ermöglicht eine verbesserte Patientenüberwachung [127].

Eine Analyse der HRV kann für die Ermittlung des aktuellen psychischen und emotionalen Beanspruchungszustandes verwendet werden [128]. Mit einer Echtzeitauswertung können vorwiegend psychisch und emotional belastende Arbeitsbelastungen überwacht werden. Eine mögliche Maßnahme bei Überbeanspruchungen kann die Anpassung der Arbeitsaufgaben und -intensitäten sein. Die

Qualität der Datenerfassung bzw. die Häufigkeit von Fehlern kann die HRV-Analyse stark beeinträchtigen [129]. Abhilfe kann hier eine Fehlererkennung und -korrektur in Echtzeit schaffen [130].

4. Konzept

Entsprechend der Aufgabenstellung und nach Prüfung des vorhandenen technischen Standes wird ein Gesamtsystem entwickelt. Aufgrund des technischen Fortschritts und neuer Entwicklungen in Sensorik und Wissenschaft soll dieses System anpassungsfähig für neue Aufgaben und Lösungen sein. Eine modulare Systemstruktur setzt dieses Vorhaben um. Sollten einzelne Module erneuert werden müssen, so wird das Gesamtsystem davon nicht betroffen. Um die Kommunikation zwischen den Modulen zu gewährleisten, sollen die Datenübertragungsprotokolle möglichst einfach und allgemeingültig formuliert werden.

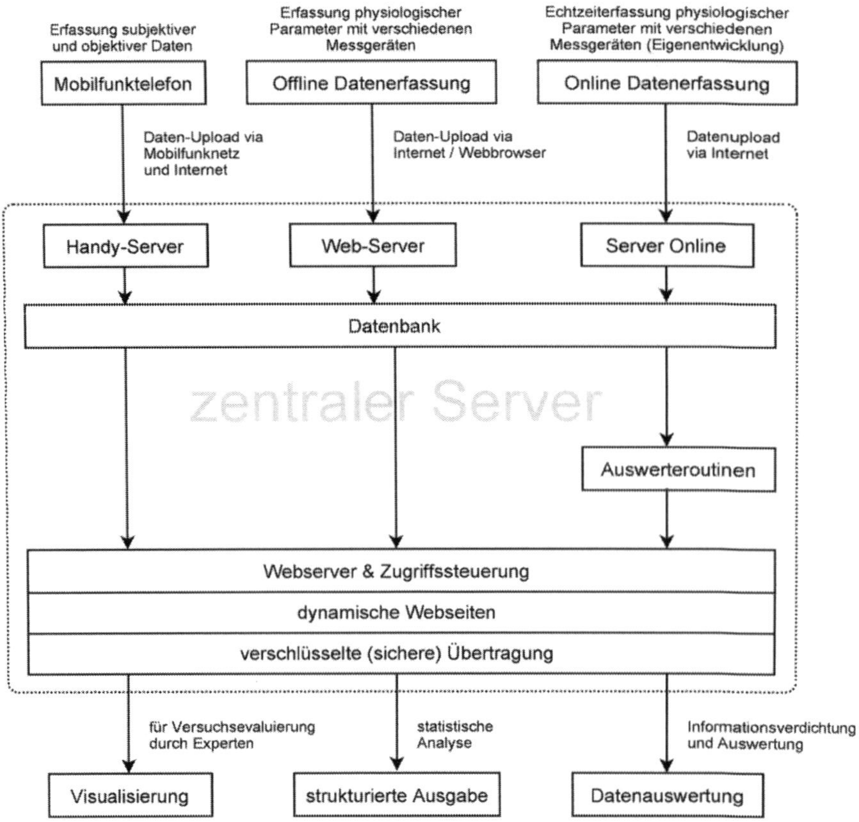

Abbildung 1: Systemkonzept

Kern des Systems ist die einheitliche Datenverwaltung auf einem zentralen Server. Das Gesamtsystem aus DBMS und Nutzerinterfaces wird medLIMS (arbeits**med**izinisches **L**abor**I**nformations**M**anagement-**S**ystem) genannt. Es ist konzipiert, Strukturen für die Datenerfassung, deren Verwaltung und Methoden für Auswertung und Analyse zur Verfügung zu stellen. Grundsätzlich besteht MedLIMS aus den Bestandteilen Datenverwaltung, Anwenderinterfaces und Auswerteroutinen. Die Datenbank selbst wird als relationale Datenbank unter Nutzung von MySQL realisiert. Remoteprocessing und eine dreistufige Systemarchitektur zur Zugriffssteuerung werden umgesetzt.

4.1. Flexible Erfassung subjektiver/objektiver Daten

Die Erfassung von Arbeitsabschnitten und Tätigkeiten der Probanden erfolgt durch eine Selbstprotokollierung. Dabei notiert die zu untersuchende Person selbst alle relevanten Tätigkeiten. Hierfür wird ein kommerziell verfügbares Mobilfunktelefon verwendet; die benötigten Funktionen werden durch eine speziell erstellte Software bereitgestellt. Das bereits vorhandene System [116] wird den Anforderungen entsprechend erweitert.

4.2. Erfassung physiologischer Parameter

Die Registrierung von physiologischen Messwerten erfolgt mit kommerziell verfügbaren mobilen Messwertaufnehmern. Solche Geräte sind unter anderem für die Parameter Herzschlagfrequenz, Herzschlagintervalle, Blutdruck und Atemgasparameter vorhanden. Andere Apparate können aufgrund der Größe und/oder des Messprinzips nur stationär betrieben werden. Dazu gehören Hochleistungsspirometriegeräte sowie Fahrradergometer und Laufbänder.

Diese Geräte werden als Resultat einer teilweise schon sehr langen Entwicklung bereits in einer Vielzahl von Versionen gefertigt. Die Zuverlässigkeit wurde, wie auch die Aussagekraft der Parameter, in einer großen Anzahl von medizinischen und technischen Studien belegt. Diese Geräte verfügen im Allgemeinen über eine medizinische Zulassung. Eine Neuentwicklung wäre nur unter enormem finanziellem und zeitlichem Aufwand möglich; die medizinische Zulassung und die

Validierung von Eigenentwicklungen würden ebenfalls viele Ressourcen binden und Zeit erfordern. Für eine effiziente und effektive Umsetzung der Forderung der Messung und Erfassung physiologischer Messgrößen kommt deshalb nur die Anwendung und Integration schon vorhandener Messsysteme in Frage.

Aufgabe im Rahmen dieser Arbeit ist es, die vorhandenen Messgeräte in das Gesamtsystem zu integrieren. Von besonderer Bedeutung sind dabei die mobilen Messsysteme. Für die Anbindung an das Gesamtsystem müssen Datenbankanbindungen und Schnittstellen für die Nutzer geschaffen werden.

4.3. Echtzeiterfassung physiologischer Parameter

Für Anwendungen, bei denen eine retrospektive Auswertung der physiologischen Messdaten nicht ausreichend ist, soll die Erfassung wichtiger Parameter in Echtzeit bzw. echtzeitähnlich möglich sein. So sollen die Voraussetzungen geschaffen werden, sehr kurzfristig ungünstige oder sogar gefährdende Zustände zu erkennen und darauf zu reagieren, indem z.B. die Arbeitsumgebung, die Arbeitsgeschwindigkeit oder die Aufgabe selbst angepasst oder zeitweilig ausgesetzt werden.

Ein wichtiger Parameter für die Erfassung der psychischen Beanspruchung ist die Herzfrequenzvariabilität. Hierfür werden die Herzschlagintervalle aufgezeichnet und die Daten mit Hilfe einer Informationsverdichtung z.B. Wavelet- oder Fouriertransformation [118] ausgewertet.

Zur separaten Detektierung und Speicherung einzelner Herzschläge entwickelte Geräte, wie sie von den Firmen Polar oder Suunto angeboten werden, sollen über geeignete Modifikation und Erweiterungen dazu verwendet werden, die Herzschläge zu registrieren und sofort oder mit geringen Verzögerungen an einen zentralen Server zur Analyse zu senden. Dafür müssen Softwaremodule für die Datenaufbereitung und Weiterleitung erstellt bzw. ein Hardwareprototyp für die Schnittstellenumsetzung der Herzschlagsignale realisiert werden. Ziel im Rahmen dieser Arbeit ist es, beispielhaft eine Echtzeiterfassung der Herzschlagintervalle für beide Messsysteme umzusetzen.

4.4. Visualisierung

Die grafische Darstellung der Messwerte soll über zeitbezogene Diagramme erfolgen. Diese Darstellung ist in der medizinischen Praxis üblich. Die aufgezeichneten Tätigkeiten müssen besonders hervorgehoben werden, da die erfassten Messgrößen oft bezüglich der jeweiligen Tätigkeit betrachtet werden sollen.

Der Anwender soll die anzuzeigende Untersuchung und die Messgrößen auswählen können. Zusätzlich soll der darzustellende Zeitbereich einstellbar sein. Zusätzliche Funktionen wie Zoom oder Blättern sollen die Anwendung erleichtern.

Auf die Visualisierung soll von verschiedenen Arbeitsplätzen aus, ohne Installation einer speziellen Software, zugegriffen werden können. Deshalb wird diese Funktionalität über dynamische Webseiten realisiert. Der Zugang ist über eine Netzwerkverbindung und einen Standardbrowser möglich.

4.5. Auswerteroutinen

Auswerteroutinen werden in der arbeitphysiologischen Praxis und Forschung bereits erfolgreich eingesetzt. Ziel ist die Integration von schon bestehenden Routinen in das Gesamtsystem. Durch die Verwendung serverbasierter Prozeduren können die erstellten Auswertealgorithmen und die zugrunde liegenden Testdaten optimal geschützt und gleichzeitig für viele Anwender verfügbar gemacht werden. Die Nutzerinterfaces werden als dynamische Webseiten realisiert. Dabei werden nur die Eingangs- und Ergebnisdaten übertragen. Die berechneten Daten sollen auf dem Datenserver für erneute Abfragen und zur Einsparung von wiederholten Berechnungen dauerhaft hinterlegt werden.

Das System zur Ausführung von serverbasierten Auswerteroutinen soll flexibel sein und die Erstellung und Implementierung neuer Routinen ermöglichen.

4.6. Strukturierte Ausgabe

In der arbeitsphysiologischen Forschung werden Untersuchungsdaten oft mit Hilfe statistischer Analysen ausgewertet. Etablierte Statistikprogramme wie SPSS und SAS werden auch hier eingesetzt. Die Daten müssen für die Auswertung in einem speziellen Format bereitgestellt werden.

Ein Softwaremodul soll die Anordnung und Ausgabe der Daten hierfür automatisch vornehmen. Es sollen die zu berücksichtigenden Versuche und Messgrößen sowie auswertungsspezifische Einstellungen eingegeben werden können. Der Anwender soll über eine browsergestützte Netzwerkverbindung den Zugang zur strukturierten Datenausgabe erhalten. Deshalb soll auch dieses

Softwaremodul als dynamische Webseite (in der Programmiersprache PHP) erstellt werden.

4.7. Anwendung in der Praxis

Anhand von Untersuchungsreihen soll die Funktion des Gesamtsystems gezeigt werden. Im Rahmen einer Staatsexamensarbeit für die erste Staatsprüfung Lehramt werden Tagesprofile aufgenommen. Die verschiedenen Bestandteile des Gesamtsystems sollen für die Erfassung, Verwaltung und Auswertung der Daten zur Anwendung kommen.

5. Realisiertes System medLIMS

Der zentrale Baustein des Systems ist die Datenverwaltung. Dafür ist ein zentraler Server vorgesehen, der ständig im Netz verfügbar ist. Das System soll für mehrere Nutzer ausgelegt sein, der Zugang von unterschiedlichen Standorten erfolgen. Alle weiteren Bestandteile sind ebenfalls auf dem zentralen Server für optimale Verfügbarkeit integriert. Es sollen keine bestimmten Vorgaben bezüglich des verwendeten Systems oder der verwendeten Software gemacht werden, vielmehr soll der Zugang über Standardsoftware (Webbrowser) erfolgen.

5.1. Datenverwaltung

Die Datenverwaltung soll wegen einer optimalen gleichzeitigen Erreichbarkeit durch verschiedene Nutzer zentral erfolgen. Die Analyse vorhandener und bereits eingesetzter Datenverwaltungssysteme mit ähnlichen Anforderungen ergab, dass ein geeignetes System für eine direkte Verwendung nicht erhältlich ist. Vielmehr können die in der Literatur beschriebenen Ansätze dazu verwendet werden, eine eigene, auf die Anforderungen speziell zugeschnittene Datenbank zu erstellen. Die große Anzahl der Datensätze erfordert die Verwendung einer relationalen Datenbank. Der Systemvergleich verschiedener relationaler Datenbanksysteme führte zur Entscheidung MySQL einzusetzen. Dieses Datenbankmanagementsystem eignet sich sehr gut für den angestrebten Einsatzzweck, insbesondere weil die Integration in Netzwerk und Internetumgebungen unterstützt wird und ein kostenloser Einsatz im nichtkommerziellen Bereich erfolgen kann.

Für diese Anwendung lassen sich grundsätzlich zwei Datenkategorien unterscheiden. Auf der einen Seite sind die Messdaten und die damit verbundenen Daten der Versuchsdurchführung zu verwalten. Auf der anderen Seite sind es die Nutzerdaten der verschiedenen Anwender und die Betriebsdaten für die Ausführung zusätzlicher Softwaremodule. Für beide Kategorien wurde jeweils eine eigene Datenbank angelegt. Die Datenbank „chronometrage“ ist für die Speicherung und den Zugriff von Messdaten ausgelegt. Die Datenbank „medlims“ hingegen verwaltet die verschiedenen Nutzer bzw. Nutzergruppen sowie die Daten zur Ausführung von Softwaremodulen.

5.1.1. Messdatenbank „chronometrage“

Die zu verwaltenden Daten aus durchgeführten arbeitsphysiologischen Versuchen umfassen neben der Zuordnung von Proband und Bearbeiter eine variable Anzahl von Messgrößen mit ggf. jeweils mehreren Messwerten.

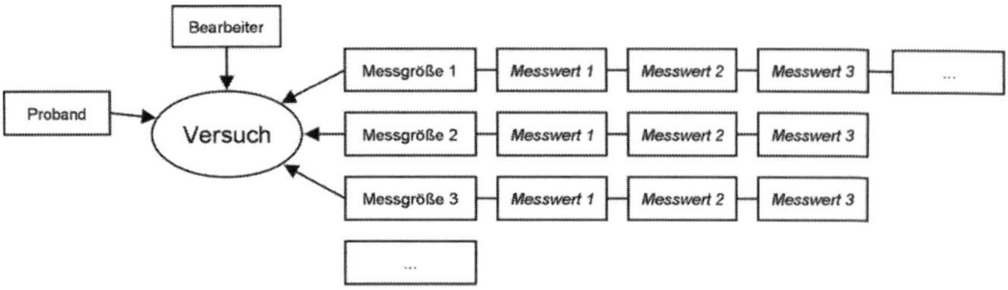

Abbildung 2: Zuordnung von Daten zu einem Versuch

Die Verwaltung der Messdaten erfolgt in fünf Tabellen. In diesen werden die Versuche, die Messgrößen, die Tätigkeiten, die Fragen (Fragebögen) und die einzelnen Messwerte gespeichert. Tätigkeiten (Belastungen) werden als eine besondere Messgröße aufgefasst, deren „Messwert“ als ID aus der Tabelle Tätigkeiten entnommen wird.

In der Tabelle „versuchszuordnung“ werden die einzelnen Versuche verwaltet. Jedem Versuch wird eine eineindeutige Nummer (VersuchsID) zugewiesen. Zusätzlich werden eine Personenidentifikationsnummer, eine verbale Beschreibung des Versuchs sowie der verantwortliche Bearbeiter angegeben. Die PersonenID repräsentiert verschlüsselt den Probanden. Auf die Verwendung von Probandenklarnamen wird aus Datenschutzgründen verzichtet. Selbst im Falle eines unberechtigten Datenzugriffs können so keine Messdaten den Probanden zugeordnet werden. Die Entschlüsselung der Probanden ist nur über eine separat geführte Tabelle durch das verantwortliche versuchsdurchführende Personal möglich.

VersuchsID	PersonenID	Beschreibung	Bearbeiter
21	11	Simulator Test 2: Manual 7	Reinhard Vilbrandt
22	11	Simulator Test 2: Auto 7	Reinhard Vilbrandt
23	11	Simulator Test 2: Auto 3	Reinhard Vilbrandt
24	11	Simulator Test 2: Adaptive 7	Reinhard Vilbrandt
25	11	Simulator Test 2: Nachtmessung	Reinhard Vilbrandt
41	16	Simulator Test 11: Manual 7	Matthias Weippert
42	16	Simulator Test 11: Auto 7	Matthias Weippert
43	16	Simulator Test 11: Auto 3	Matthias Weippert
44	16	Simulator Test 11: Adaptive 7	Matthias Weippert
45	16	Simulator Test 11: Nachtmessung	Matthias Weippert
79	21	Phantomkurs+11.5.05	Christin Winter
102	40	klinischer Kurs+ 25.5	Christin Winter
157	8	ein Studenten-Tag mit Vorlesung	Corinna Kalke
217	85	glovebox,15.08.2006	Kreuzfeld
218	85	teilautomatisiert,21.08.2006	Kreuzfeld
222	76	Vollautomatisiert,25.08.2006	Kreuzfeld
223	82	Tagesprofil 22.08.2006	Arndt
228	85	Reinraum 05.09.2006	Arndt
310	120	Ganztagsmessung	U. Klitsch

Abbildung 3: Datenansicht aus Tabelle „versuchszuordnung“

In der Tabelle „messgroessen“ werden alle derzeitig in das System integrierte Parameter aufgeführt. Neben einer eindeutigen Identifikationsnummer werden die minimal und maximal zulässigen Werte, die Einheit, ein eventueller Skalierungsfaktor, die verbale Bezeichnung sowie eine Beschreibung aufgeführt. Durch die

Speicherung der Messgröße als Entitäten und nicht als Entitätstypen können jederzeit neue Parameter in das System integriert werden. Hierzu ist lediglich das Anlegen eines entsprechenden Datensatzes notwendig.

MessGroessenID	Max	Min	Einheit	Faktor	Bezeichnung	Beschreibung
0	9999	0		1	Last	Tätigkeit / Belastung
1	1000	0	1/min	1	Herzschlagfrequenz	Herzschlagfrequenz (Polar 810i)
2	400	0	mmHg	1	SYS	systolischer Blutdruck (BOSO TM2430)
3	400	0	mmHg	1	DIA	diastolischer Blutdruck (BOSO TM2430)
4	1000	0	1/min	1	PULSE	Herzschlagfrequenz (BOSO 2430)
5	4000	0	ms	1	MilliSekundenHerzschlag	RR-Intervalle (Polar 810i)
7	6	1		1	KAB	Kurzfragebogen Aktuelle Beanspruchung
14	1	0	1/min	1	AF	Atemfrequenz (MetaMax3B)
46	1	0	l/min	1	V'CO2 (STPD)	Kohlendioxid-Abgabe (STPD) (MetaMax3B)
52	1	0	l/min	1	V'E (STPD)	Atemminutenvolumen (STPD) (MetaMax3B)
59	1	0	l/min	1	V'O2 (STPD)	Sauerstoffaufnahme (STPD) (MetaMax3B)
72	100	0	nmol/l	1	Speichelcortisol	Speichelcortisol
78	100	0	kg	1	LBM	Lean Body Mass

Abbildung 4: Datenansicht aus Tabelle „messgroessen"

Eine Besonderheit ist die MessgrößenID „0". Diese Messgröße stellt die Tätigkeit dar und wird nicht über ein medizinisches oder wissenschaftliches Messgerät erfasst, sondern über das handybasierte Gerät durch die Probanden selbst protokolliert. Dabei ist es vorteilhaft, den Probanden anstelle einer ID einen verbalen Ausdruck zu präsentieren.

Um diese Messgröße auch bei späteren Untersuchungen einsetzen zu können, bei denen das Tätigkeitsprofil noch nicht feststeht bzw. erst entwickelt werden muss, ist die Erweiterbarkeit unbedingt erforderlich. Neue Tätigkeiten können dann einfach über zusätzliche Datensätze in dieser Tabelle hinterlegt werden.

BelastungsID	Beschreibung
0	Laufen
1	Gehen
4	Sitzen
6	Schlafen
17	leichte Arbeit
19	Computerarbeit
24	schwere dyn. Arbeit
26	Sport
46	Zahnextraktion
50	Abfüllen Wurzelkanäle
63	Speichelprobe
75	Roboter Überwachung
76	Programmieren Computer

Abbildung 5: Auszug aus der Tabelle „belastungskategorien"

Die Messgröße mit der ID „6“ stellt die einzelnen Antworten auf Fragebögen dar und wird wie auch die Tätigkeit durch das handybasierte elektronische Protokollierungssystem erfasst. Die zugrunde liegenden Fragen werden in der Tabelle „fragen“ abgelegt.

FragenID	Frage	Antwort1	Antwort2	AnzahlStufen
1	Jetzt fühle ich mich:	angespannt	gelassen	6
1	Jetzt fühle ich mich:	angespannt	gelassen	6
3	Jetzt fühle ich mich:	besorgt	unbekümmert	6
4	Jetzt fühle ich mich:	entspannt	unruhig	6
5	Jetzt fühle ich mich:	skeptisch	vertrauensvoll	6
6	Jetzt fühle ich mich:	behaglich	unwohl	6

Abbildung 6: Auszug aus der Tabelle „fragen“

Die Tabelle „messwerte“ enthält alle aufgezeichneten Messwerte. Jeder Messwert ist dabei mit einem fortlaufenden Index gekennzeichnet. Zusätzlich zum eigentlichen Messwert wird der Zeitpunkt der Erhebung über einen Zeitstempel in einem abgewandelten Unix-Zeitformat abgelegt. Die Zeiten werden in Sekunden seit dem 1. Januar 1970 angegeben. Bei Bedarf stehen für Millisekunden die Nachkommastellen zur Verfügung. Für die Zuordnung des Messwertes zu einem Versuch und zu einer Messgröße verfügt jeder Datensatz über einen entsprechenden Eintrag. Jedem Datensatz lassen sich so die Messgröße und damit auch die Bezeichnung und die Einheit zuordnen. Über die Versuchsnummer werden die Messwerte dann zu einem Versuch zusammengefasst, und über die Tabelle „versuchszuordnung“ lässt sich auch der Proband eindeutig zuordnen.

Index	VersuchsID	MessGroessenID	Zeit	MessWert
94	7	0	1090912740000	18
95	7	0	1090912876000	1
96	7	0	1090912892000	26
32578	7	1	1090912806000	75
32584	7	1	1090912896000	75
32586	7	1	1090912926000	123
32590	7	1	1090912986000	110
32557	7	2	1090976400000	117
32558	7	2	1090980000000	123
32559	7	2	1090983600000	118
32503	7	3	1090940400000	82
32507	7	3	1090948800000	89
32452	7	4	1090915200000	63
32453	7	4	1090916460000	65
51094	7	14	1090934877000	37.5
52262	7	14	1090936811000	44.8
52267	7	14	1090936819000	39.5
53975	7	27	1090934579000	178
54622	7	27	1090935658000	168
38281	7	39	1090933685000	0.73
38450	7	39	1090934127000	0.78
45558	7	46	1090935831000	2967
41562	7	51	1090934231000	86.3
48064	7	59	1090934923000	3524

Abbildung 7: Auszug aus der Tabelle „messwerte“ für den Versuch 7

Alle Messwerte lassen sich mit den angegebenen vier Tabellen verwalten. Dabei werden jedem Messwert die Messgröße und die eindeutige Versuchsnummer zugeordnet. Über den angelegten Versuch und die Personennummer kann auch die extern gespeicherte Person aufgeschlüsselt werden. Bei Bedarf wird der numerische Messwert wie bei Tätigkeit / Belastung in einen verbalen Ausdruck umgewandelt.

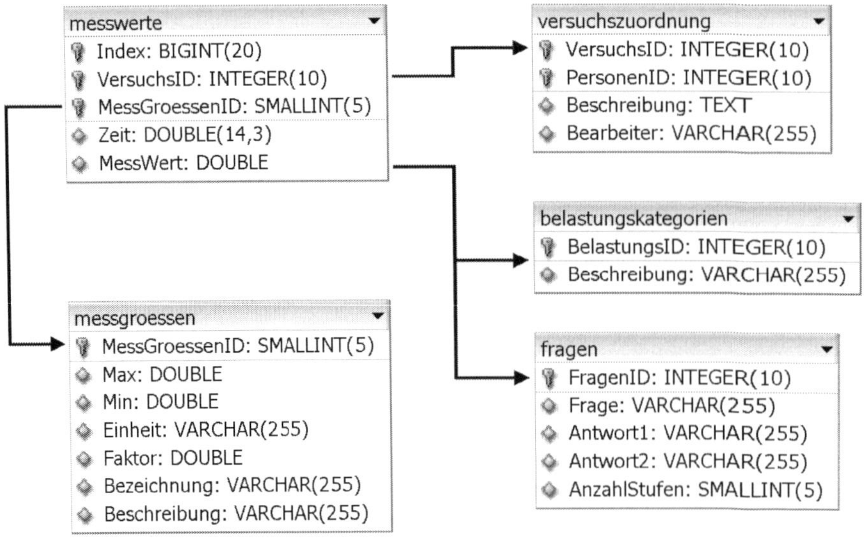

Abbildung 8: Übersicht Messdatenverwaltung

Zusätzlich existieren noch zwei Tabellen für automatisch berechnete Zwischenwerte.

In die Tabelle „messwerte_filter“ werden die notwendigen Daten für die Berechnung und Ausführung von Informationsverdichtungsmethoden gespeichert. Die Ergebnisse werden dann in die Tabelle „messwerte_hrv“ geschrieben. Eine ausführliche Beschreibung erfolgt in Abschnitt 5.6.5.

Id	VersuchsID	startzeit	endzeit	Timescaling	segment	Block_Nr	offset	ID_Methode
3019	206	1151569425314	1151569425314	1800000	0	0	0	2
3020	206	1151569532022	1151570792022	1800000	7	1	0	2
3021	206	1151570815483	1151570995483	1800000	1	2	0	2
3022	206	1151571000193	1151572800193	1800000	10	3	0	2
3023	206	1151572833111	1151573373111	1800000	3	4	0	2
3024	206	1151573429146	1151573969146	1800000	3	5	0	2
3025	206	1151574071062	1151574431062	1800000	2	6	0	2
3026	206	1151574592393	1151574952393	1800000	2	7	0	2
3027	206	1151575033736	1151576113736	1800000	6	8	0	2

Abbildung 9: Auszug aus der Tabelle „messwerte_filter“

Id	VersuchsID	MessGroessenID	Zeit	MessWert	idprozess
34146	206	67	1151576084410	0.181	39
34147	206	71	1151576084410	63868	39
34148	206	68	1151576084410	0.762	39
34149	206	69	1151576084410	0.056	39
34150	206	70	1151576084410	685552	39
34151	206	71	1151576132160	63644	39
34152	206	67	1151576132160	0.286	39
34153	206	68	1151576132160	0.595	39
34154	206	69	1151576132160	0.116	39
34155	206	70	1151576132160	411896	39

Abbildung 10: Ergebnisdaten in der Tabelle „messwerte_hrv“

5.1.2. Datenbank „medlims“

In der Datenbank „medlims“ werden neben den Nutzern die zentral auf dem Server bereitgestellten Methoden zur Auswertung, zur Informationsverdichtung und zur strukturierten Datenausgabe verwaltet [131].

5.1.2.1. Nutzerverwaltung

Die Nutzerverwaltung umfasst die Speicherung der Stammdaten der verschiedenen Nutzer und der Nutzerrechte (einzelne Aktionen nur mit erteilten Rechten möglich). Die Unterteilung der Nutzerrechte erfolgt in die Kategorien Lesen, Schreiben und administrative Rechte. Festgelegte Nutzergruppen verfügen über ausgewählte Rechte. Über seine Stammdaten wird jeder einzelne Nutzer einer Nutzergruppe zugeordnet.

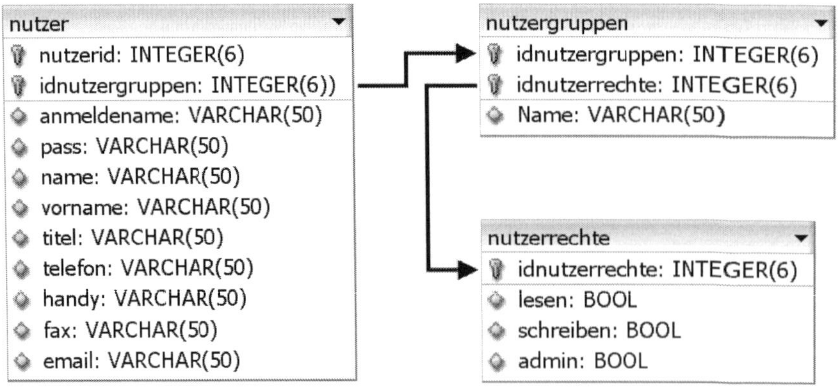

Abbildung 11: Nutzerverwaltung mit Rechten

5.1.2.2. Verwaltung von Auswerte- und Informationsverdichtungsmethoden

Für die Datenverdichtung von aufgenommenen physiologischen Messdaten wurden spezielle Routinen erstellt. Diese RPC (Remote Procedure Calls) können automatisch auf dem Server gestartet werden und vorher festgelegte Daten verarbeiten. Zudem können auch Daten verarbeitet werden, die über spezielle Masken eingegeben werden.

Für die Verwaltung der automatisch auszuführenden Routinen und der Steuerungsdaten ist es notwendig, spezielle Tabellen anzulegen und die Daten organisiert zu hinterlegen. In der Tabelle „rpc“ werden zunächst alle ausführbaren Prozeduren angelegt. Die einer Prozedur zugehörigen Parameter werden durch die Verknüpfungstabelle „rpchabenparameter“ den möglichen Parametern aus „rpcparameter“ zugeordnet. Die Parameter werden durch Einheiten näher beschrieben und entweder als Eingangs- oder Ausgangsgröße festgelegt. Die Einheiten werden in der Tabelle „einheiten“ verwaltet. Einzelne

Parameter werden bei Bedarf aus der Datenbank „chronometrage“ zugeordnet. Die Zuordnung erfolgt in „parametertransferliste“.

Die direkte Ausführung einer Auswertung erfordert das Anlegen eines Prozesses. Prozesse sind nutzergebunden, verweisen auf ein RPC, und verfügen über Startzeit, Endzeit und Statusinformationen. Mit Hilfe dieser Informationen können die Prozesse über einen Scheduler in bestimmter Reihenfolge verarbeitet werden. Vor Start des Prozesses werden die benötigten Messwerte in der Tabelle „rpcprozessehabenparameter“ gespeichert. Die berechneten Ergebnisse werden ebenfalls in dieser Tabelle gespeichert.

In der Tabelle „rpchabengaeste“ können zusätzliche Nutzer festgelegt werden, die Zugriff auf die schon ausgeführten RPC-Prozesse, berechnete Werte und eventuelle zusätzliche visuelle Informationen erhalten sollen.

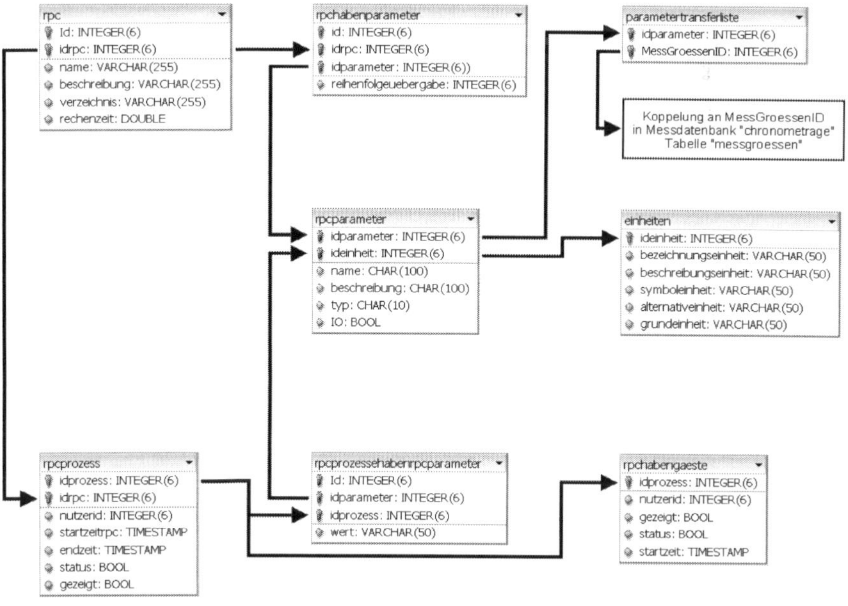

Abbildung 12: Übersicht Verwaltung für ferngesteuerte Prozesse

5.1.2.3. Ausgabeverwaltung

Die Ausgabe der Daten kann geordnet über ein so genanntes Statistik-Modul erfolgen. Dabei werden die Daten so formatiert, dass die direkte Analyse mit etablierten Statistikprogrammen möglich ist.

Es werden gewünschte Versuche und Messgrößen ausgewählt. Zusätzlich können die Versuche auch bestimmten Gruppen zugeordnet werden, um Unterschiede zwischen Teilpopulationen z.B. männlich / weiblich abzubilden. Je nach vereinbartem Typ der Datenanordnung werden die auszugebenden Versuchsdaten in speziell formatierten Tabellen gespeichert. Ggf. werden auch einfache statistische Operationen wie Mittelwertbildung über Zeitintervalle durchgeführt. Die Tabellen „statistikdaten_versuchsreihe_gepaart“ und „statistikdaten_versuchsreihe_ungepaart“ stellen bereits realisierte Datenformate dar. Weitere Erläuterungen sind in Kapitel 0 zu finden.

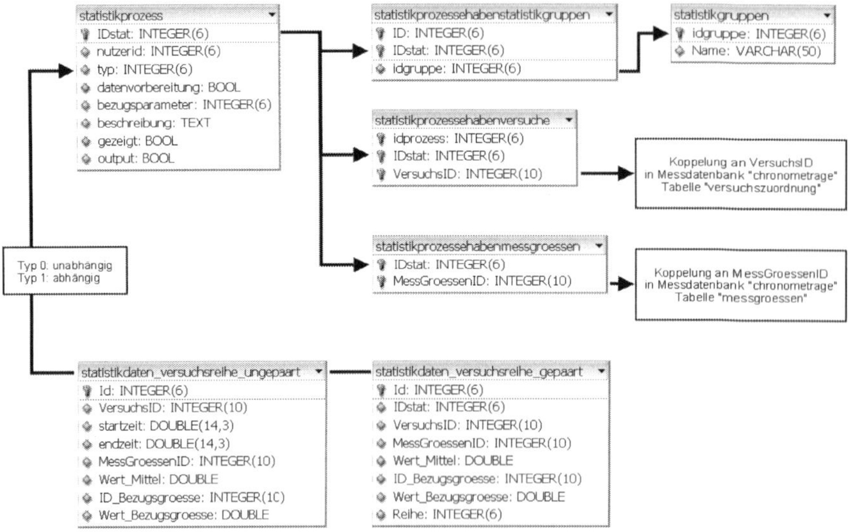

Abbildung 13: Verwaltung der strukturierten Ausgabe

5.2. Erfassung objektiver und subjektiver Daten

Die flexible Erfassung von Daten in Felduntersuchungen wird durch ein Mobilfunktelefon, ausgestattet mit einer speziellen Software, unterstützt. Damit lassen sich die Tätigkeitsprotokolle der Probanden oder Arbeitenden während der Untersuchung aufzeichnen, speichern und an den zentralen Datenserver übermitteln [116]. Zusätzlich ist es möglich, den Probanden gezielt kurze Fragebögen, wie z.B. zur Erfassung des subjektiven momentanen Befindens, zu präsentieren. Die zeitnahe Registrierung des individuellen psychischen Empfindens vor/während/nach einer Arbeitsaufgabe steigert die Repräsentativität und die Verwertbarkeit der Antworten [132]. Für die Bereitstellung der benötigten Funktionen im Mobilfunktelefon wurde das Programm „Chrono" für das Mobilfunkgerätebetriebssystem Symbian OS [133] entwickelt. Das Programm „Handy Server" wird auf dem Datenserver für bidirektionale Datenübertragungen ausgeführt und bildet die Schnittstelle der elektronischen Protokollierung zum DBMS. Je nach Anforderung der Untersuchung müssen die zu erwartenden Tätigkeiten und Fragebögen als Listen auf dem Mobilfunkgerät zur Auswahl bereitgestellt werden. Hierfür wurde eine Updatefunktion entwickelt. Sie erlaubt die Ergänzung von zusätzlichen Tätigkeiten und Fragebögen während der Laufzeit. Es werden eine deutsche und eine englische Version unterstützt.

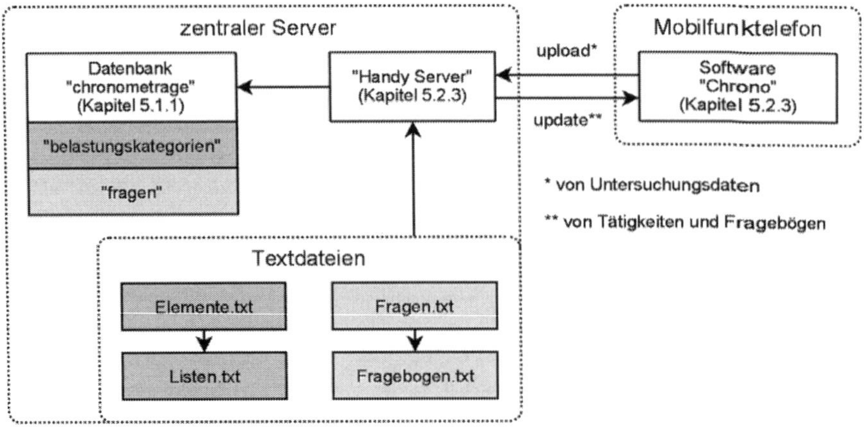

Abbildung 14: Datenaustausch Mobilfunktelefon und Server

5.2.1. Selbstprotokoll

Die elektronische Unterstützung der Registrierung der Tätigkeiten/Belastungen während einer Untersuchung ermöglicht es dem Probanden, komfortabel, zeitsparend und wenig reaktiv die zutreffende Tätigkeit zu protokollieren [134]. Das Hinzufügen eines Zeitstempels, das Speichern und die Übertragung der Daten wird durch das Programm „Chrono" vorgenommen. Falls eine Selbstprotokollierung nicht möglich sein sollte, kann das Mobilfunktelefon auch durch einen Beobachter bedient werden.

Für eine effektive Tätigkeitsbeschreibung ist es notwendig, zunächst eine Arbeitsplatz- bzw. Arbeitsanalyse durchzuführen und alle potentiellen relevanten Tätigkeiten zu erfassen. In einer Liste sind alle schon in vorherigen Untersuchungen verwendeten Tätigkeiten gespeichert. Sollen zusätzliche Tätigkeiten erfasst werden, sind diese zunächst verbal und eventuell bildlich zu beschreiben und in der Liste zu ergänzen (siehe 5.2.3.2). Anschließend wird eine Darstellungsliste angelegt, in die alle zu erfassenden Tätigkeiten in darzustellender Reihenfolge aufgeführt werden. Wurde eine ähnliche oder identisch angelegte Untersuchung schon früher durchgeführt, so ist diese Darstellungsliste mit allen Tätigkeiten schon vorhanden und kann wieder verwendet werden.

Nachdem die benötigten Listen der Tätigkeiten in das Mobilfunktelefon geladen wurden, läuft eine typische Untersuchung folgendermaßen ab: Zunächst bereitet der Untersuchungsleiter die Selbstprotokollierung vor, indem er über das Programmmenü der Software „Chrono“ die Versuchsnummer für die Untersuchung einträgt. Dann wählt er die Darstellungsliste mit den benötigten Tätigkeitskategorien aus. Der Proband (oder bei Bedarf der Beobachter) wählt dann bei jeder relevanten Änderung der Tätigkeit die jeweils zutreffende aus und bestätigt sie. Über eine Rückmeldung wird die Eingabe quittiert.

Geräteintern wird die zugehörige Nummer der Tätigkeit zusammen mit dem Zeitstempel gespeichert. Für die Datenübertragung wird dann eine Verbindung über das GSM-Netz geöffnet. Über den Mobilfunkdienst GPRS (General Packet Radio Service) wird eine TCP/IP-Verbindung mit dem Programm „Handy Server“ auf dem zentralen Datenserver hergestellt, und über ein spezielles Protokoll werden die Daten übertragen. Nach Verifizierung über eine Checksumme werden die Daten mit der zugehörigen Versuchsnummer in der Datenbank „chronometrage“ gespeichert. Zur Sicherheit verbleibt eine lokale Kopie der aufgezeichneten Tätigkeiten im Flash-Speicher des Mobilfunktelefons. Sollte die Datenübertragung durch eine Störung des Servers oder des Funknetzes nicht möglich sein, so kann sie zu einem beliebigen späteren Zeitpunkt erfolgen.

5.2.2. Fragebögen

Die als objektiv deklarierte Protokollierung der Tätigkeit wird durch subjektive und individuelle Erhebungen ergänzt. Die Software „Chrono“ kann den Probanden dafür Fragebögen präsentieren. Es können prinzipiell alle Fragebögen verwendet werden, die sich auf dem Bildschirm des Mobilfunktelefons darstellen lassen. Zu beachten ist, dass die Eingaben nur über die Tastatur des Telefons möglich sind. Die Beschränkung auf die Selektierung von angebotenen Auswahlmöglichkeiten oder die Eingabe von Zahlen ist deshalb sinnvoll. Die Beantwortung bzw. das Ausfüllen der Fragebögen darf nur mit einem geringen Zeitaufwand verbunden sein, denn die Arbeitenden sollen durch die Protokollierung und die Erhebung der Fragebögen nicht zusätzlich belastet und in ihrer Arbeit gestört werden. Umfangreiche textlich zu formulierende Antworten würden dieser Forderung widersprechen. Es können deshalb zurzeit nur solche Fragebögen elektronisch unterstützt in Feldversuchen zum Einsatz kommen, die die vorangegangenen Einschränkungen erfüllen. Solche Fragebögen sind z.B. der BBF (Basler Befindlichkeitsfragebogen) [135] oder der KAB (Kurzfragebogen zur aktuellen Beanspruchung) [13]. Hierbei werden jeweils eine Reihe von gegensätzlichen Aussagen bzw. Eigenschaften präsentiert, und der Proband wählt auf einer 7- bzw. 6-stufigen Skala den für ihn zutreffenden Zustand aus. Der KAB wurde in die Handysoftware implementiert und bereits in Untersuchungen eingesetzt.

Für die Implementierung von Fragebögen in die Handysoftware wurde ein eigenes Datenformat erstellt.

Jeder Fragebogen setzt sich aus verschiedenen Fragen zusammen und besitzt darüber hinaus noch weitere Eigenschaften, die seine

Erhebung betreffen. So kann der Fragebogen bei jeder Änderung der Tätigkeit erhoben werden oder in einem festen oder zufälligem Zeitintervall. Zusätzlich kann ein zeitlicher Mindestabstand zwischen zwei Abfragen ein zu häufiges Aufrufen des Fragebogens verhindern. Die Fragen können in vorgegebener und zufälliger Reihenfolge angeboten werden. Die einzelnen Fragen setzen sich aus der eigentlichen Frage und einem bipolaren Antwortpaar zusammen z.B. „Ja" und „Nein"; „Vollständig" und „Gar nicht". Die Anzahl der Abstufungen zwischen den beiden Kontrasten kann zwischen zwei und zehn festgelegt werden.

Für jede beantwortete Frage werden Frage und Antwort in eine numerische Größe umgewandelt und zusammen mit dem Zeitstempel gespeichert. Die Daten werden zusammen mit den Tätigkeitsprofilen nach den Untersuchungen an den zentralen Datenserver gesendet.

5.2.3. Handyprogramm

Die Software „Chrono" wurde für das Betriebssystem Symbian OS und die Benutzeroberfläche Series 60 entwickelt. Geräte mit der Benutzeroberfläche Series 60 verfügen zwingend über gemeinsame Systemeigenschaften wie Tastatur und Bildschirm. Die Benutzung der Software ist bei den Geräten deshalb identisch. „Chrono" ist damit auf einer großen Anzahl von Mobilfunktelefonen einsetzbar und wurde mit den Geräten: Nokia 3650, Nokia 3660 und Nokia 6670 getestet und angewendet.

Grundsätzlich stehen verschiedene Möglichkeiten für die Entwicklung einer eigenen Software für Symbian OS zur Auswahl. So können Programme in C++ unter Verwendung der Systembibliotheken erstellt werden [136]. Es ist auch möglich, Programme in Java [137], [138] oder OPL (Open Programming Language) [139], [140] zu schreiben.

Diese Programme werden dann in einer speziellen Laufzeitumgebung ausgeführt. Da die Programmentwicklung in C++ jedoch die größere Flexibilität und Hardwarenähe bietet, erfolgte sie in der Programmierumgebung Microsoft Visual Studio für C++.

Von den unterschiedlichen Mobilfunktelefonanbietern werden SDK (Software Developer Kits) bereitgestellt. Diese bieten in der Regel Frameworks für eine schnelle Implementierung gewünschter Funktionen unter Ausnutzung von Standard Programmstrukturen für Menüs und Darstellungen. Zusätzlich sind spezielle Tools wie Bild-konverter für Symbian OS und ein Emulator enthalten. Besonders der Emulator ist für die Softwareentwicklung nützlich, da Programme ohne Übertragung auf das Mobilfunktelefon auch im Debugmodus getestet werden können.

Die für die Programmierung verwendeten Klassen stammen aus den Standardbibliotheken der Series 60 Benutzeroberfläche für Symbian OS.

5.2.3.1. Allgemeine Funktionen

Für die Anwendung in Felduntersuchungen müssen einige Grundfunktionen bereitgestellt werden.

- Eingabe von Tätigkeiten
- Beantworten von Fragen
- Ändern von Einstellungen und Funktionsaufrufe
- Speicherung von Daten und Einstellungen
- bidirektionale Datenübertragung

Zusätzlich soll eine zweisprachige Darstellung und Anwendung der Software ermöglicht werden.

Die Präsentation der Tätigkeiten erfolgt in Listen. Jedes Item wird durch einen Text und bei Bedarf durch ein Icon dargestellt. Die einzelnen Items und Listen können zur Laufzeit neu geladen werden. Die Navigation erfolgt mit den Steuerkreuz-Tasten, die Auswahl mit der Bestätigungstaste. Es wird ein Listenobjekt der Klasse „CAknDoubleLargeStyleListBox“ verwendet.

Fragen werden in einer Dialogansicht präsentiert. Die jeweils gültigen Fragen eines Fragebogens werden bei Ausführung geladen und dargestellt. Die Möglichkeiten der Antworten können dabei zwischen zwei und zehn Abstufungen umfassen. Die Eingabe erfolgt mit den Zahlentasten. Frage, mögliche Antworten und Zahlensymbole werden dabei über einzelne Textfelder realisiert, die als Objekte der Klasse „CEikLabel“ erstellt wurden. Da die Anzahl der Abstufungen je nach Frage unterschiedlich sein kann und trotzdem eine optimale gleichmäßige Darstellung erfolgen soll, werden Größe und Platzierung der Zahlsymbolfelder zur Laufzeit angepasst.

Die möglichen Einstellungen umfassen die Eingabe der Versuchsnummer, die Auswahl des Servers und die Auswahl von Tätigkeitsliste und Fragebogen. Zusätzlich kann eine Datenverbindung zum Server aufgebaut werden, um Versuchsdaten an diesen zu senden oder neue Tätigkeitslisten und Fragebögen von diesem zu laden. Die einzelnen Funktionen werden entweder im Menü des Programms ausgewählt bzw. über eine Tastenkombination aktiviert.

Für die Abfrage der Versuchsnummer wird ein Fragedialog, basierend auf „CAknNumberQueryDialog“, initiiert. Es ist nur die Eingabe von numerischen Werten möglich. Nach Bestätigung wird überprüft, ob der Versuch bereits angelegt wurde und dessen Daten noch im internen Telefonspeicher sind. Ist dies nicht der Fall, wird eine neue Speicherdatei angelegt und die neue Versuchsnummer wird in der

Statusleiste angezeigt. Sollte der Versuch bereits angelegt sein, wird diese Information über eine Abfrage des Typs „CAknQueryDialog" angezeigt und der Nutzer kann die vorhandenen Daten ersetzen bzw. beibehalten. Je nach Auswahl wird die Datei mit den Daten dann zum anhängenden oder ersetzenden Schreiben geöffnet.

Die Einstellungen zum zentralen Datenserver umfassen IP-Adresse und Portnummer. Diese Daten können über eine Abfrage des Typs „CAknMultiLineDataQueryDialog" geändert werden. Die aktuellen Einstellungen werden angezeigt und können editiert werden. Der Server kann entweder über einen Namen (www.zentralerDatenServer.de) oder die IP-Nummer (192.168.0.1) eingegeben werden. Die Portnummer ist eine ganze Zahl zwischen 0 und 65535. Bei Abbruch des Dialogs bleiben die vorherigen Werte aktiv. Bei Bestätigung werden die neuen Einstellungen gespeichert und für die Serververbindung angewendet.

Der Zugriff auf Dateien zum Speichern, Erstellen und Überschreiben der Daten wird über Objekte der Klasse „RFile" realisiert. Als Basis für die Dateizugriffe dient eine Referenz auf ein Objekt der Klasse „RFs" zur Etablierung einer File Server Session.

Über den Menüpunkt „Daten Senden" wird eine Serververbindung initialisiert, und die Daten des aktuellen Versuchs werden übertragen. Der Menüpunkt „Listen einlesen" baut ebenfalls eine Serververbindung auf und fordert neue Tätigkeitslisten und Fragebögen an. Über eine erfolgreiche Datenübertragung oder den Abbruch des Übertragungsversuchs wird der Anwender informiert. Für das eventuelle Auflösen des Servernamens in eine IP-Adresse wird die Klasse „RHostResolver" genutzt. Objekte der Klassen „RSocketServ" und „RSocket" stellen dann die TCP/IP-Verbindung her. Sollte die Verbindung nach einer definierten Zeit nicht hergestellt sein, wird eine

Fehlermeldung ausgegeben. Die beiden Klassen „CSocketsReader“ und „CSocketsWriter“ stellen die notwendigen Funktionen für das Lesen und Schreiben über die TCP/IP-Verbindung bereit.

Für die Durchführung von Untersuchungen im Ausland bzw. mit englischsprachigen Probanden ist es notwendig, alle Systemnachrichten und Bezeichnungen im Programm „Chrono“ in Englisch anzubieten. Das ganze Programm ist deshalb zweisprachig angelegt. Alle Nachrichten und Abfragen werden im Pogramm durch Platzhalter präsentiert. Je nach Betriebssprache des Mobilfunktelefons werden dann automatisch die englischen oder deutschen Texte ausgewählt. Auch alle Tätigkeitsbeschreibungen und Fragebögen sind zweisprachig definiert. Zur Laufzeit wird die aktive Sprache geprüft und die Texte werden dann für die jeweilige Zielgruppe geladen.

5.2.3.2. Tätigkeitslisten

Zur Darstellung von Tätigkeitsprofilen für bestimmte Untersuchungen werden mit einem Texteditor Tätigkeitslisten angelegt und im Textformat in der Datei „Listen.txt“ gespeichert. Eine Liste beginnt mit ihrer Nummer (ListenID). Dann folgt der Listenname, der auch im Handyprogramm angezeigt wird. Anschließend werden alle zugehörigen Tätigkeitselemente mit ihrer ID-Nummer aufgeführt. Die einzelnen Angaben werden durch das Verkettungszeichen (senkrechter Strich – Hexcode 7C) getrennt. Das Ende einer Listendefinition wird durch einen Zeilenvorschub (carriage return line feed – Hexcode 0D 0A) gekennzeichnet.

<ListenID>|<Name>|<TätigkeitsID1>|<TätigkeitsID2>|<TätigkeitsID...>

```
0|Beispiel|0|1|2|3|4|5|6
1|Flugzeug|7|8|9|10|11|12|13|14|15|16
2|Programm 1|4|18|1|20|21|22|23|5
3|Sportstudenten|4|18|1|26|20|25|23|5|6
4|Tag mit Stress|5|1|18|24|4|17|19|27|28|23
5|Füllungen|53|54|59|4|18|1|61|29|30|31|32|33|34|35|36|60|37|38|39|40|41|42|43
6|Wurzelbehdlg.|53|54|59|4|18|1|61|44|45|46|47|48|49|50|51|52
7|Zahnmed. Kind|53|54|59|4|18|1|61|55|56|57|58
8|Studenten|4|18|1|26|20|25|23|5|6|62
9|Glovebox|63|64|65|66|70|71|72|73|67|68|69
10|Teilautomatisiert|66|67|76|74|75|64|63
11|Tagesprofil|4|18|1|26|20|25|23|5|6|63
12|Zahnmedizin|38|33|30|35|36|48|50|29|39|43|40|42|55|56|54|46|59|61|4|18|1|26|20|25|23|5|6|62
```

Abbildung 15: Beispielansicht Listen.txt

Tätigkeitselemente werden im Textformat in der Datei „Elemente.txt" definiert. Die Definition setzt sich aus der Identifikationsnummer und einem zweizeiligen Text zusammen. Zusätzlich können noch bis zu zwei Icons bzw. kleine Bilder angegeben werden. Für jedes Icon ist dabei die Angabe des Bildes und der Maske innerhalb einer speziellen multiplen Bilddatei notwendig. Die einzelnen Angaben werden durch Verkettungszeichen getrennt und die gesamte Definition durch einen Zeilenvorschub abgeschlossen.

<TätigkeitsID>|<Bezeichnung Zeile 1>|<Bezeichnung Zeile 2>|
<BildID1>|<MaskeID1>|<BildID2>|<MaskeID2>|<Bilddatei>

```
62|Vorlesung|Seminar|0|1|||leer.MBM
63|Speichelprobe||4|5|||glovebox.MBM
64|Pause||0|1|||glovebox.MBM
65|Etagenwechsel||2|3|||glovebox.MBM
66|Instruktion||6|7|||glovebox.MBM
67|Pipettieren||8|9|||glovebox.MBM
68|Readout||12|13|||glovebox.MBM
69|Dokumentation||10|11|||glovebox.MBM
70|Pipettieren|Platte 1|8|9|||glovebox.MBM
71|Pipettieren|Platte 2|8|9|||glovebox.MBM
72|Pipettieren|Platte 3|8|9|||glovebox.MBM
73|Pipettieren|Platte 4|8|9|||glovebox.MBM
74|Deckaufbau||14|15|||glovebox.MBM
75|Roboter|Überwachung|16|17|||glovebox.MBM
76|Programmieren|Computer|18|19|||CHRONOMETRAGE1.MBM
```

Abbildung 16: Beispielansicht Elemente.txt

Die Icons können zunächst im Windows BMP Format angelegt werden. Dabei sollte der begrenzte Farbraum (Nokia 3650 – 4096 Farben; Nokia 6670 – 65536 Farben) und die Darstellungsgröße in den Listen beachtet werden. Kleine Icons werden mit 13x13 Bildpunkten dargestellt, und die großen mit 42x36. Mit dem Kommandozeilenprogramm „bmconv.exe“ können beliebig viele Bilder zu einer Datei im MBM-Format (multiple bitmap) zusammengeführt werden. Die einzelnen Bilder werden dabei komprimiert. Für eine verbesserte Darstellung des gerade markierten Elements werden Masken ergänzt. Diese zeigen die durch den Markierungsbalken zu überdeckende Bildinhalte an. Der Zugang zu den einzelnen Icons erfolgt durch eine numerische Adressierung beginnend mit Null.

Wird eine neue Tätigkeitsliste im Handy aktiviert, so werden alle zugehörigen Elemente und Icons in einem temporären Array gespeichert. Aus diesen Daten wird dann die aktuelle Darstellungsliste generiert. Die jeweiligen Nummern der Tätigkeiten werden bei der Auswahl gespeichert. Sie sind auf dem Datenserver wieder in den verbalen Ausdruck rücküberführbar.

Die Auswahl einer neuen Tätigkeitsliste erfolgt über die Mobilfunktelefontastatur. Direkt (ohne Menü) wird die Nummer der auszuwählenden Liste in vierstelliger Form eingegeben. Initialzeichen ist das doppelte Rautezeichen # und Schlusszeichen ein Stern *. Mit ##0001* wird so die Liste mit der Nummer 1 aktiviert. Sollte diese Liste schon aktiviert sein, wird dies dem Anwender mitgeteilt. Konnte sie nicht aktiviert werden, weil sie z.B. nicht definiert ist, wird eine Fehlermeldung zurückgegeben. Wurde die Liste erfolgreich aktiviert, lautet die Meldung „Liste Name_der_Liste wurde geladen“.

5.2.3.3. Fragebögen

Die Anlage und Verwaltung der Fragebögen erfolgt ähnlich wie die der Tätigkeitslisten in der Datei „Fragebogen.txt". Jeder Fragebogen wird über eine eindeutige fortlaufende Nummer identifiziert. Es folgen der Fragebogenname, einige Einstellungen und die Nummern der zugehörigen Fragen. Die möglichen Einstellungen sind:

- festes Abfrageintervall in Minuten, 0 bedeutet kein festes Intervall
- Mindestzeit zwischen zwei Befragungen in Minuten
- Abfrage nach jeder Tätigkeitsänderung; 0 = Nein; 1 = Ja
- Startzeit für automatisch ausgelöste Fragebogenabfrage in Minuten seit Tagesbeginn; davor keine automatisch ausgelösten Abfragen
- Endzeit für automatisch ausgelöste Fragebogenabfrage in Minuten seit Tagesbeginn; danach keine automatisch ausgelösten Abfragen
- Zufallsintervall in Minuten; 0 bedeutet deaktiviert; jede andere Angabe gibt den durchschnittlichen Zeitbereich für eine Abfrage an
- zufällige Anordnung der Fragen; 0 = Nein; 1 = Ja

<FragebogenID>|<Name>|<Abfrageintervall>|<Mindestzeit>|
<Tätigkeitsgesteuert>|<Startzeit>|<Endzeit>|<Zufallsintervall>|
<Zufallsanordnung>|<FragenID1>|<FragenID2>|<FragenID...>

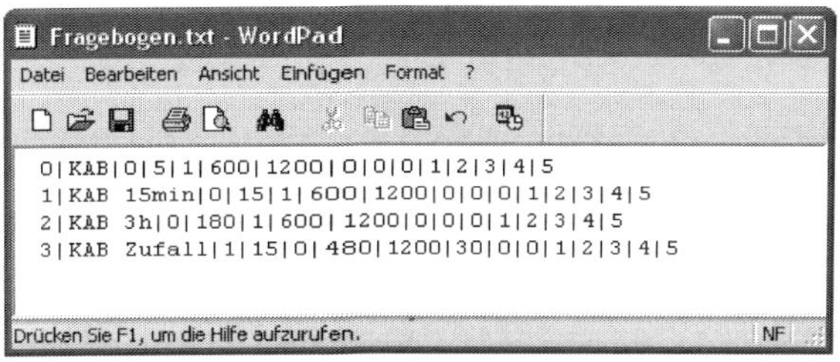

Abbildung 17: Beispielansicht Fragebogen.txt

Mögliche Fragen werden in der Datei „Fragen.txt“ definiert. Nach der Fragennummer folgen die Anzahl der möglichen Antwortabstufungen, der Fragetext und die beiden Bezeichner (oben/unten) der Abstufung. Trennzeichen ist das Verkettungszeichen und das Ende einer Fragendefinition wird durch den Zeilenvorschub markiert.

<FragenID>|<Anwortabstufungen>|<Fragetext>|<Antwort1
>|<Antwort2>

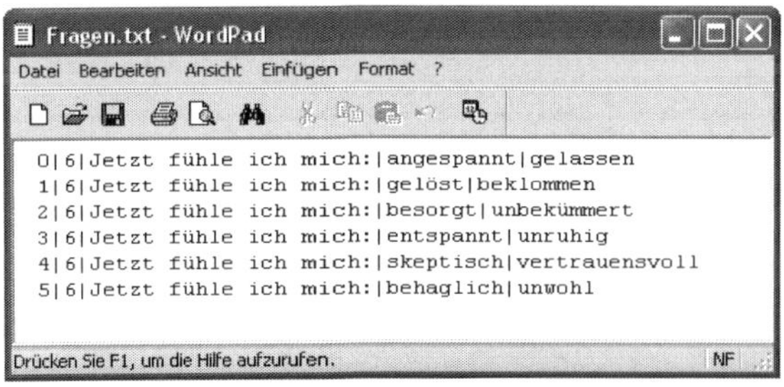

Abbildung 18: Beispielansicht Fragen.txt

Die Auswahl des aktiven Fragebogens erfolgt analog zu der einer Tätigkeitsliste. Statt des doppelten Rautezeichens # wird jedoch Raute # und Stern * verwendet. Die komplette Angabe hierfür ist z.B. #*0002* für die Aktivierung des Fragebogens Nr. 2.

5.2.3.4. Update-Funktion

Die Updatefunktion ermöglicht das Hinzufügen neuer Tätigkeitslisten und Fragebögen zur Laufzeit. Über eine Verbindung zum zentralen Server werden die Textdateien mit den Tätigkeitsbeschreibungen und den Fragebögen in den verschiedenen Sprachformen (derzeit Deutsch und Englisch) aktualisiert. Dabei werden Textdateien vollständig übertragen, während Bilddateien (MBM-Format) nur inkrementell ergänzt werden, um unnötige Datentransfers zu vermeiden.

5.2.4. Serverprogramm

Das Programm „Server Handy" realisiert den Datenaustausch zwischen dem Programm „Chrono" auf den Mobilfunktelefonen und der Datenbank. Die Kommunikation basiert auf einer TCP/IP-Verbindung über das Internet und/oder das lokale Netz auf der einen und einer sicheren Datenbankanbindung auf der anderen Seite. Die beiden Hauptbestandteile des Programms sind Datenannahme, eventuelle Bearbeitung und Dateneintrag in die Datenbank und die Bereitstellung von neuen Tätigkeitslisten und Fragebögen über die Updatefunktion.

Auf dem zentralen Server wird zurzeit Microsoft XP als Betriebssystem eingesetzt. Die Programmierung erfolgte in C++ und als Entwicklungsumgebung wurde Microsoft Visual Studio für C++ eingesetzt. Es wurde MFC (Microsoft Foundation Classes) verwendet. Diese objektorientierte Klassensammlung bildet das Grundgerüst für viele Windowsanwendungen und vereinfacht und beschleunigt die Erstellung von Programmen. Über die Klassen der MFC erfolgt der Zugriff auf und die Nutzung der APIs (Application Programming Interfaces) des Betriebssystems.

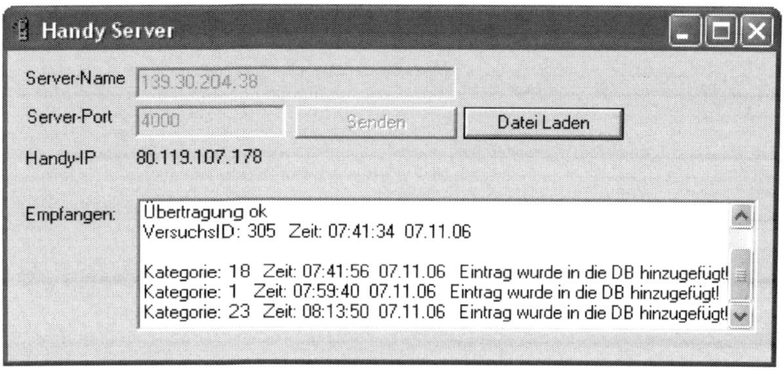

Abbildung 19: Programmansicht „Handy Server"

Das Programm wird automatisch beim Hochfahren des Servers als Dienst gestartet. So wird gewährleistet, dass die Untersuchungsdaten von den Mobilfunktelefonen jederzeit auf den Server übertragen werden können. Beim Neustart (nach Stromausfall oder Betriebssystemfehler) wird der Dienst gestartet, ohne dass ein Systembenutzer auf dem Server angemeldet sein muss.

5.2.4.1. Kommunikation

Die TCP/IP-Schnittstelle wird als ein Objekt aus einer abgeleiteten Klasse von „CAsyncSocket" realisiert. Diese Basisklasse stellt bereits alle notwendigen Funktionen und die Verbindung zu den Windows-APIs zur Verfügung. Insbesondere die Ereignisroutinen werden jedoch mit eigener Funktionalität ausgestattet.

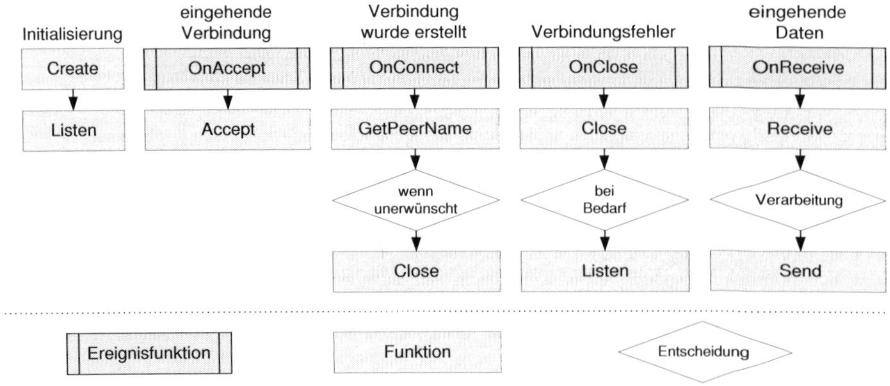

Abbildung 20: Funktionsübersicht für die Klasse „CAsyncSocket"

Die Ereignisfunktion „OnAccept" wird aufgerufen, wenn eine TCP/IP-Verbindung vom Mobilfunktelefon ausgehend etabliert werden soll. Die Funktion „OnConnect" zeigt nach erfolgreicher Einrichtung einer Verbindung an, dass diese für den Nachrichtenaustausch bereit ist. „OnReceive" benachrichtigt über eingehende Daten. Die Ereignisfunktion „OnClose" wird ausgeführt, nachdem eine bestehende Verbindung von der Gegenstelle geschlossen wurde.

Über „Create" wird eine Instanz des Windows-Socket initialisiert; anzugebender Parameter ist die Portnummer. Nach Ausführen von „Listen" werden über den spezifizierten Port Verbindungsanfragen entgegengenommen. Die Funktion „Accept" erstellt dann eine solche Verbindung; als Parameter wird ein neues Verbindungsobjekt auf Basis von „CAsyncSocket" übergeben. Auf diese Weise werden weiterhin Verbindungsanfragen angenommen und es können Multi-Client-Systeme realisiert werden.

„GetPeerName" gibt die IP-Adresse einer bestehenden Verbindung zurück; so können nicht erwünschte Adressen von der Kommunikation ausgeschlossen werden. Die IP-Adressen eines Mobilfunkproviders liegen in einem bestimmten Bereich. Alle Verbindungen mit nicht passenden Adressen können so automatisch getrennt werden. Unerwünschte oder fehlerhafte Verbindungen können über „Close" geschlossen werden. Die Funktionen „Receive" und „Send" sind für die eigentliche Datenübertragung notwendig.

5.2.4.2. Untersuchungsdaten

Die Übertragung der Antworten der Fragebögen und der Angaben zu Tätigkeiten erfolgt auf Basis eines eigens dafür entwickelten Protokolls.

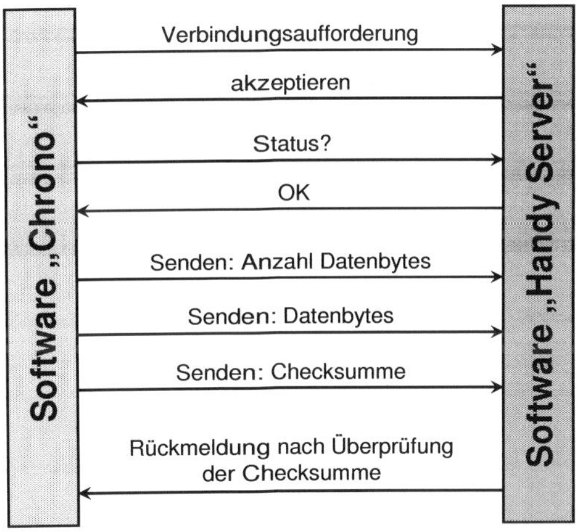

Abbildung 21: Protokoll für Datenübertragung von Handy an Server

Nach erfolgreichem Verbindungsaufbau sendet das Handyprogramm eine Statusanfrage. Wird diese vom Serverprogramm bestätigt, beginnt die Datenübertragung. Die ersten beiden Bytes geben die Anzahl der folgenden Datenbytes an. Wurden alle Daten empfangen, und stimmt die errechnete Checksumme mit der übermittelten überein, können die Daten verarbeitet und in die Datenbank geschrieben werden. Nach erfolgreichem Eintrag wird eine Bestätigung an das

Mobilfunktelefon gesendet. Bei Fehlern der Datenübertragung oder der Datenbank werden ebenfalls entsprechende Nachrichten zurückgegeben.

Die Datenbankanbindung wird über eine lokale ADO-Schnittstelle (ActiveX Data Objects) realisiert. Für das Öffnen der Verbindung sind die Angaben von Datenbankprovider, Datenbankquelle, Zugriffsmodi, Nutzername und Kennwort notwendig. Es wird jeweils ein Zeiger für die Verbindung, für auszuführende Kommandos und für gelesene Datensätze erstellt. SQL-Befehle werden dann über den Kommandozeiger ausgeführt.

Zunächst wird überprüft, ob der Zeitstempel der Untersuchungsdaten korrigiert werden muss[7]. Eventuelle Abweichungen werden durch einen Algorithmus im Programm „Server Handy“ behoben.

Bevor ein Datensatz eingetragen werden kann, wird überprüft, ob dieser bereits in der Datenbank vorhanden ist. Nur wenn der Datensatz noch nicht eingetragen wurde, werden die Daten in die Datenbank geschrieben. Unnötige und fehlerhafte Doppeleinträge werden so vermieden.

Vom Handy übertragene Protokolleinträge zu Tätigkeiten und beantworteten Fragen haben grundsätzlich eine identische Datenstruktur. Tätigkeiten werden dabei durch den Zahlenbereich von 0 bis 9999 und Antworten auf Fragen durch Werte ab 10000 repräsentiert. In der Datenbank werden dann die Tätigkeiten als Messgröße 0 und die Fragebogenantworten als Messgröße 6 dargestellt.

[7] In der Sommerzeit wird die interne Uhr eines Handys der Sommerzeit angepasst. Die interne Zeit eines PCs wird hingegen unverändert weitergezählt und nur die dargestellten Zeiten werden auf die Sommerzeit modifiziert.

Alle übertragenen Daten und Datenbankeinträge werden zur visuellen Kontrolle im Programmfenster angezeigt. Für eine nachträgliche Überprüfung von Verbindungen und Einträgen werden diese auch in Logdateien auf dem Server gespeichert. In diesen Dateien sind (monatsweise) alle relevanten Daten einsehbar.

5.2.4.3. Update-Funktion

Diese Funktion bildet das Gegenstück zur Update-Funktion in der Handysoftware „Chrono". Nach Verbindungsaufbau fordert das Handy ein Update an. Gleichzeitig wird die aktuelle Version der verwendeten Bilddateien übermittelt. Im Anschluss werden alle Textdateien mit Tätigkeiten, Tätigkeitslisten, Fragen und Fragebögen in Deutsch und Englisch übertragen. Zusätzlich werden alle noch nicht in Handy vorhandenen neuen Bilddateien an das Mobilfunktelefon gesendet.

Über ein Objekt der Klasse „CFile" werden die jeweiligen Dateien in einen Sendepuffer gelesen. Danach wird die Übertragung durchgeführt.

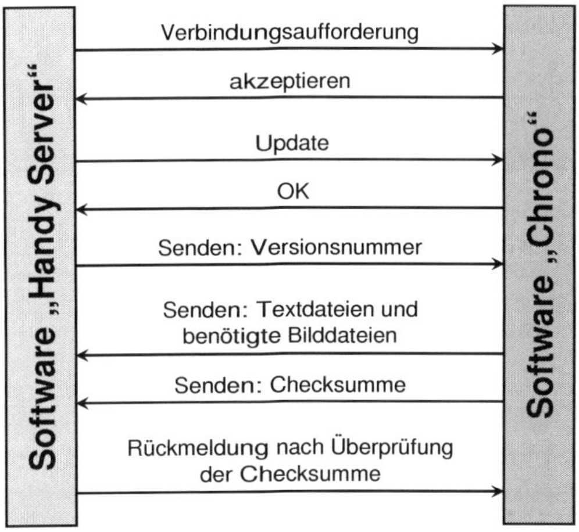

Abbildung 22: Protokoll für Update von Handyprogramm vom Server

Aufgrund begrenzter Speicher im Handy müssen die Daten in einzelne Blöcke zu je 1000 Zeichen übertragen werden. Die Synchronisation erfolgt durch das Steuerzeichen EOT (end of transmission block – Hexcode 17).

5.2.4.4. Weitere Funktionen

Die empfangenen Daten werden zusätzlich zum Eintrag in die Datenbank lokal als Textdatei gespeichert. Diese Dateien können zu einem späteren Zeitpunkt mit Hilfe des Programms „Handy Server" erneut in die Datenbank eingetragen werden, um eventuell veränderte oder verlorene Daten zu ergänzen.

Es wird eine Logdatei geführt. In diese werden kontinuierlich alle Verbindungsdaten mit Zeitstempel eingetragen. Zusätzlich werden auch alle ausgetauschten Daten und alle Datenbankzugriffe gespeichert. Mit Hilfe dieser Funktion können Datenübertragungen nachträglich geprüft und eventuelle Fehlfunktionen erkannt werden.

5.3. Offline Datenerfassung

Die meisten physiologischen Messgrößen können mit spezialisierten mobilen Messgeräten erfasst werden. Einige Parameter werden mit stationären Geräten gemessen und spezielle Parameter werden manuell registriert. Überwiegend ist es gegenwärtig so, dass die Daten erst nach Beendigung der Datenaufzeichnung zur Verfügung stehen und somit nur offline in das Datenverwaltungssystem eingetragen werden können.

Die notwendigen Nutzerschnittstellen für dieses Eintragen der Daten werden in Form dynamischer Webseiten realisiert. Die Webseiten sind so gestaltet, dass für die Nutzung ein Standardwebbrowser verwendet werden kann. Es ist somit nicht notwendig, spezielle Software an bestimmten Arbeitsplätzen für den Zugang zum Datenverwaltungssystem bereitzustellen. Die Webseiten können von einem beliebigen Computer mit Netzwerkanschluss aus (Internet, Intranet) vom zentralen Server abgerufen und verwendet werden. Ein Webserver-Programm stellt den Nutzern die entsprechenden Webseiten zur Verfügung. Alle notwendigen Funktionen werden serverbasiert ausgeführt. Sie werden in der Programmiersprache PHP (PHP: Hypertext Preprocessor) [141], [142] realisiert.

5.3.1. Webserver

Derzeit beherrschen zwei Webserver-Programme den Markt. Führend ist der *Apache HTTP Server*, entwickelt von einer User Community unter Koordination der Apache Software Foundation [143], mit einem Marktanteil von 59 % [144]. Die zweitgrößte Verbreitung hat mit ca. 31 % *Internet Information Services* (ISS) der Fa. Microsoft [145].

Die Verwendung des *Apache HTTP Servers* für das zu realisierende System hat mehrere Vorteile. Das Programm kann auf einer Vielzahl von Betriebssystemen z.B. Unix, Linux und Windows eingesetzt werden; es bestehen keine Einschränkungen bzgl. des Betriebssystems des zentralen Servers. Aufgrund der großen Verbreitung und der freien Entwicklung existiert eine große User Community, die vielfältige Möglichkeiten der Hilfestellung und Problemlösung bietet. Die Struktur des Programms erlaubt die zusätzliche Verwendung von Modulen für spezielle Funktionen. Dies sind unter anderem das Ausführen dynamischer Webseiten über PHP und die Verwendung von Verschlüsselungen wie ssl (secure socket layer). Nicht unwesentlich ist die kostenfreie Verwendung des Programms.

Um den Datenschutz zu gewährleisten, werden in diesem Projekt nur verschlüsselte Webseiten verwendet. Das dafür verwendete Protokoll HTTPS (HyperText Transfer Protocol Secure) entspricht dem HTTP (HyperText Transfer Protocol) in Verbindung mit ssl. Für die Verschlüsselung wird beim Verbindungsaufbau ein Schlüssel zwischen Webserver und Nutzer ausgetauscht, und alle Daten und Webseiten werden mit diesem Schlüssel chiffriert. Für die Verwendung von ssl wurde das Zusatzmodul OpenSSL installiert und eingebunden. Zusätzlich wird die Kommunikation auf Port 80 (HTTP) unterbunden und Port 443 (HTTPS) freigeschaltet.

Der Zugang zu den Webseiten ist erst nach erfolgreicher Anmeldung mit Benutzername und Kennwort möglich. In Kombination mit der verschlüsselten Datenübertragung können so nicht zugelassene Nutzer weder auf Webseiten des zentralen Servers zugreifen noch die eventuell „mitgehörte“ Kommunikation lesen.

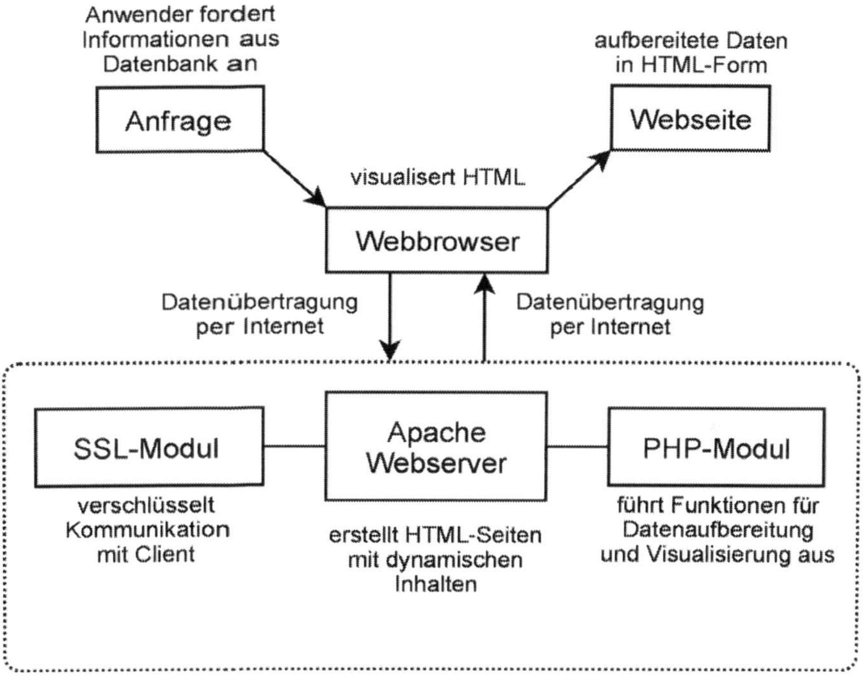

Abbildung 23: Anfragebearbeitung Webserver

Über Aufrufe von dynamischen Webseiten können PHP-Programme und Funktionen auf dem Server gestartet werden. Diese Programme verarbeiten dann die über die Webseite eingegebenen Informationen und können über Datenbankzugriffe angeforderte Daten auslesen bzw. neue Daten in die Datenbank schreiben. Ergebnisse und Statusanzeigen werden in Form einer HTML-Seite (Hypertext Markup Language) ausgegeben.

5.3.2. Upload

Die offline-Erfassung physiologischer Messwerte erfolgt zurzeit am Institut für Präventivmedizin Rostock durch verschiedene mobile Langzeitmessgeräte. Im Rahmen dieser Arbeit wurden die vier wichtigsten für die Kopplung mit der zentralen Datenbank ausgewählt.

Für die Parameter Herzschlagfrequenz und Herzschlagintervalle kommen die Herzfrequenzmonitore *Polar S810i* [102] und *Suunto T6* [103] zum Einsatz.

Das Gerät *Polar S810i* zeichnet Herzschlagintervalle oder durchschnittliche Herzfrequenzen (5,15, 60 Sekunden) auf. Die Registrierung der Herzschläge erfolgt durch einen Brustgurt. Die Signale werden per telemetrischer elektromagnetischer Übertragung (4,8-5,6 kHz) an die aufzeichnende Einheit übertragen [118]. Es können bis zu 30.000 Messwerte aufgezeichnet werden [102]. Das entspricht bei einer durchschnittlichen Herzfrequenz von 100 Schlägen pro Minute etwa fünf Stunden Aufzeichnungsdauer. Die Daten können nach Untersuchungsende über eine Infrarot-Schnittelle auf einen PC übertragen werden. Die Herstellersoftware erlaubt die Speicherung der Daten im Text-Format [146].

Sunnto T6 zeichnet bis zu 100.000 Herzschlagintervalle auf; durchschnittliche Herzfrequenzen können nicht erfasst werden. Die Detektierung der Herzschläge erfolgt ebenfalls mit einem Elektroden-Brustgurt. Die Übermittlung der Daten erfolgt über einen 2,4 GHz Kanal, womit ein störungsfreier Betrieb über größere Distanzen (bis zu zehn Meter) als beim *Polar S810i* möglich ist [103]. Nach Ende einer Aufzeichnung können die Daten unter Verwendung der Herstellersoftware über ein USB-Kabel an einen PC übertragen werden. Die Daten werden in einer internen Datenbank gespeichert und können über eine Exportfunktion als Text-Datei ausgegeben werden [147]. Wegen der Gleichartigkeit der Daten werden diese in das Polar Textformat überführt.

Die Aufzeichnung des Blutdrucks wird mit dem 24-Stunden Langzeit Blutdruckmessgerät *BOSO TM2430* (oszillometrisches Messprinzip) durchgeführt. Es können bis zu 300 Messwerte in vorher festgelegten

Intervallen zwischen 5 und 60 Minuten aufgezeichnet werden [106]. Die Daten werden über ein serielles Interface (RS-232) an einen PC übertragen. Die dafür notwendige Herstellersoftware speichert die Daten, ermöglicht visuelle Darstellungen und Auswertungen und erlaubt einen Datenexport in Textformat [148].

Atemgasparameter wie Sauerstoffaufnahme und Kohlendioxidabgabe und weitere Kenngrößen wie die Atemfrequenz werden mit dem mobilen Ergospirometrie-System *MetaMax 3B* der Fa. Cortex aufgezeichnet [149]. Durch die relativ geringen Abmessungen der Analyse- und Datenerfassungseinheit kann das System während sportlicher Aktivitäten und im normalen Alltag eingesetzt werden. Über eine Atemmaske wird der Luftstrom erfasst; die Sauerstoff- und Kohlendioxidkonzentration der ein- und ausgeatmeten Luft wird in Echtzeit bestimmt. Die Daten können bereits während eines laufenden Versuches über Funk an einen PC übertragen werden. Die nachträgliche kabelgebundene Übertragung an einen PC empfiehlt sich bei Feldversuchen. Über die Herstellersoftware werden die eingelesenen Daten verwaltet, und es können Auswertungen vorgenommen werden. Auch ein Datenexport von zuvor ausgewählten Kanälen in einem Textformat ist möglich [150].

Alle zur Anwendung kommenden Geräte erlauben das Auslesen der Daten mit Hilfe ihrer Herstellersoftware und die Übertragung der Daten in ein lesbares Textformat. Format und Struktur der Datenspeicherung sind jeweils bekannt.

Für jedes dieser unterschiedlichen Formate wurde ein eigenes Upload-Modul in der Programmiersprache PHP erstellt. Die Modulstruktur ist für alle Messgrößen einheitlich. Der Zugriff erfolgt über vom Webserver bereit gestellte und in einem Webbrowser dargestellte Webseiten. Die Benutzerschnittstelle (Grafik und Text) wurde ebenfalls einheitlich gestaltet, um eine einfache Handhabbarkeit zu gewährleisten.

Am Beispiel der Herzfrequenz wird ein Upload-Vorgang erläutert.

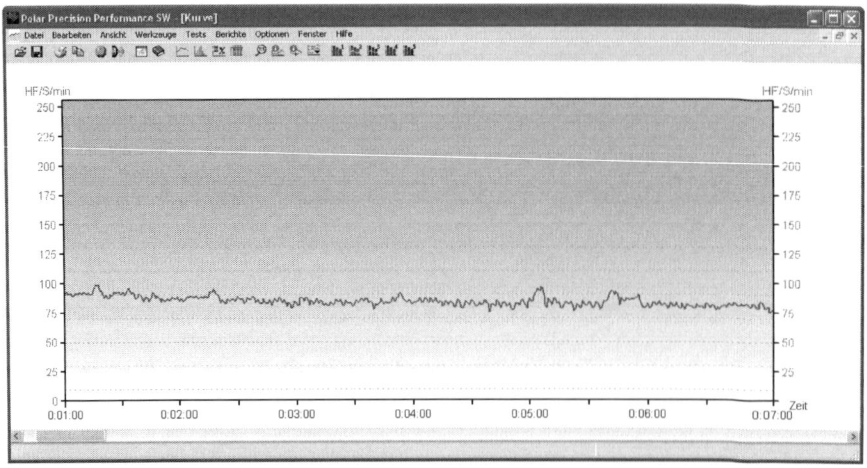

Abbildung 24: Beispielansicht von Herzfrequenzdaten aus der Polar Software

Nach erfolgreicher Anmeldung wählt der Nutzer aus einem Menü das Modul „Herzfrequenz-Upload Polar S810i" aus. Die zu ladende Datei und eine gültige Versuchsnummer müssen angegeben werden. Außerdem kann ausgewählt werden, ob vorhandene Daten ersetzt oder ergänzt werden sollen. Nach Bestätigung wird die Datei auf den Server kopiert, und die Versuchsnummer wird an das serverbasierte Programm übergeben. Dieses überprüft zunächst die Versuchsnummer und das Format der Datei. Nur wenn das Format mit dem erwarteten übereinstimmt, arbeitet das Programm weiter. Ansonsten wird der Anwender über eine Fehlernachricht informiert. Alle Messwerte werden zunächst in eine temporäre Variable gelesen, der jeweilige Zeitstempel wird aus der Startzeit des Versuches und dem Zeitintervall zwischen zwei Messwerten berechnet. Es wird überprüft, ob bereits Daten dieser Messgröße für diesen Versuch existieren. Ist dies der Fall, wird je nach vorheriger Auswahl verfahren:

- Neuer Versuch ➔ kein Dateneintrag, Fehlermeldung und Programmende
- Daten ersetzen ➔ vorhandene Daten löschen
- Daten hinzufügen ➔ vorhandene Daten belassen

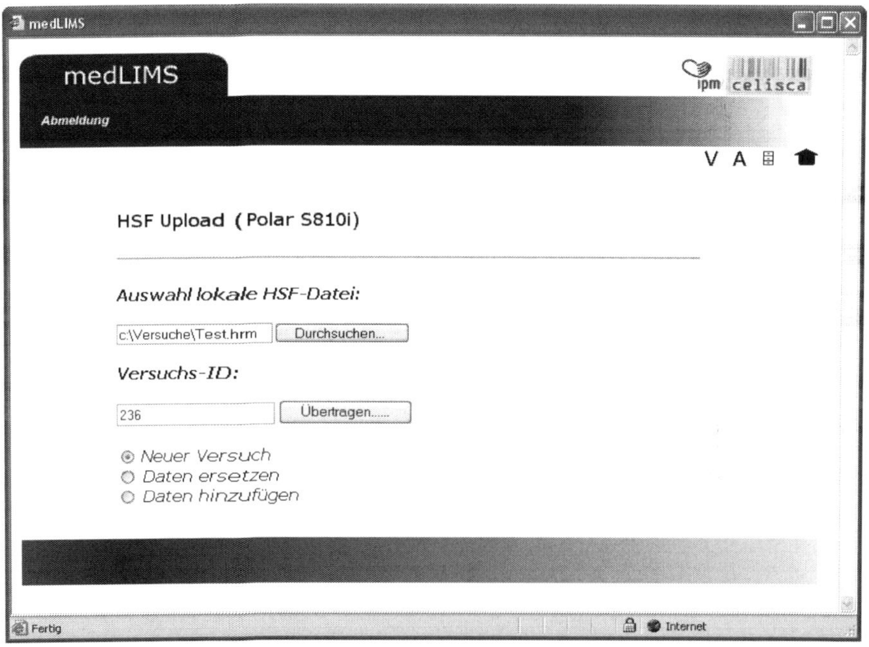

Abbildung 25: Upload von Messwerten zu einem Versuch

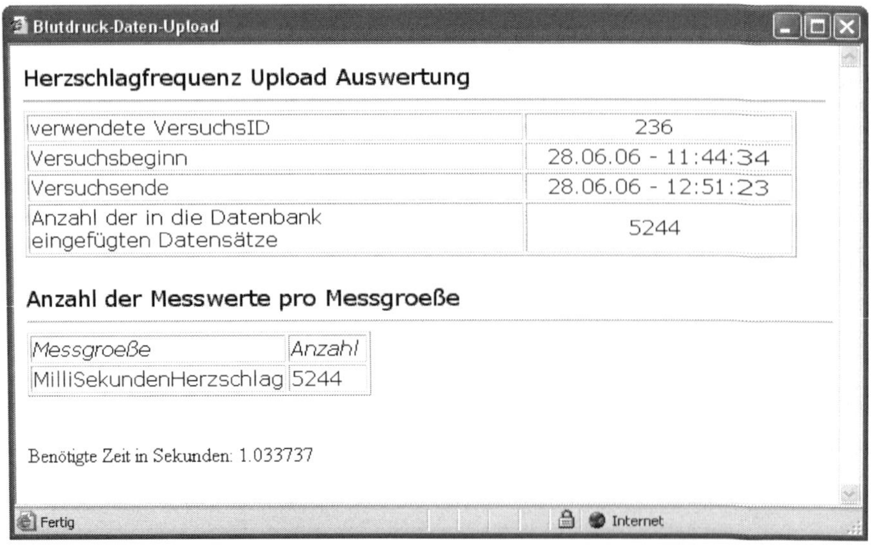

Abbildung 26: Rückmeldung Dateneintrag in Datenbank

Zusammen mit Identifikationsnummern von Versuch und Messgröße werden die Daten dann in eine temporäre Datei geschrieben, über die der Eintrag in die Datenbank blockweise erfolgen kann. Dadurch werden die Anzahl der Datenbankzugriffe minimiert und die Performance deutlich erhöht. Nach erfolgreichem Schreiben wird der Anwender über die Anzahl der geschriebenen Datensätze und die benötigte Zeit informiert.

Die Module für den Upload von Blutdruckdaten [151] und spiroergometrischer Daten funktionieren auf gleiche Weise. Für die Integration neuer Messgrößen oder Geräte können neue Module nach dem vorliegenden Prinzip schnell erstellt werden. Es ist lediglich notwendig, dass die Daten in einem lesbaren Format dateibasiert gespeichert werden. Es ist nur die Anpassung auf das spezielle Datenformat oder die Struktur vorzunehmen.

5.3.3. Zusätzliche Dateneingabe

Einige Messgrößen werden nicht automatisch aufgezeichnet. Um auch Daten dieser Parameter in das System eingeben und einzelne Daten editieren zu können, wurden spezielle Eingabemasken erstellt. Für die Bereitstellung dieser Funktionalität wurden ebenfalls zugeschnittene Nutzerinterfaces in PHP erstellt, die im Standardbrowserfenster bearbeitet werden. Dabei erfolgen sowohl schreibende als auch lesende Zugriffe auf die Datenbank.

5.3.3.1. Versuch anlegen

Für das Anlegen eines neuen Versuchs ist es notwendig, den Bearbeiter und eine Identifikationsnummer für den Arbeitenden bzw. Probanden anzugeben. Zusätzlich kann der Versuch oder der geplante Ablauf durch die Eingabe einer kurzen Erläuterung näher beschrieben werden. Nach Überprüfung des Eingabeformats wird die nächste freie Nummer in der Datenbank als Versuchsidentifikationsnummer reserviert und ausgegeben. Gleichzeitig wird ein Datenbankeintrag mit der Zuordnung von Versuch und Proband vorgenommen.

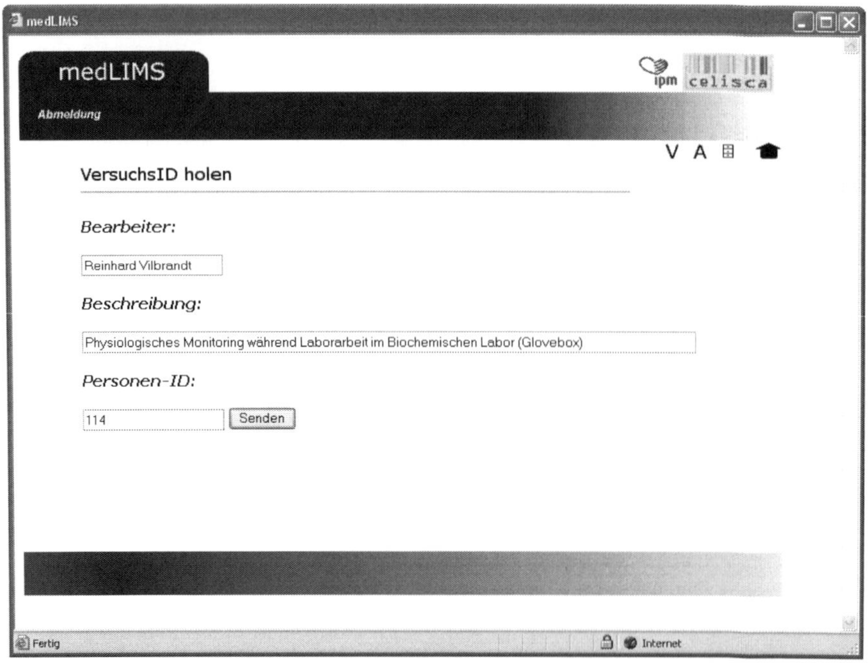

Abbildung 27: Versuch und VersuchsID in Datenbank anlegen

5.3.3.2. Manuelle Dateneingabe

In einigen Fällen ist es notwendig, Daten manuell einzugeben. Dabei kann es sich um Messwerte handeln, die von Messgeräten ohne digitalen Speicher und elektronische Datenanbindung erfasst wurden. Dies ist z.B. bei der Messung des Gewichts mit einer herkömmlichen Waage der Fall, oder es müssen vergessene Protokollierungen einer Tätigkeit nachträglich ergänzt werden.

Zunächst werden die Versuchsnummer und der entsprechende Parameter aus der Parameterliste ausgewählt. Im Anschluss besteht die Möglichkeit, neue Daten in eine Tabelle einzutragen. Dabei müssen für jeden Messwert Datum und Uhrzeit angegeben werden; das Datum wird dabei bis zur expliziten Änderung vom ersten Messwert für die folgenden übernommen. Der Messwert ist in der dem Parameter zugehörigen Einheit anzugeben und kann bei Bedarf Kommastellen enthalten.

Für den Sonderfall der Eingabe von Tätigkeitskategorien, kann der Wert nicht manuell angeben werden. Die Auswahl einer gültigen Kategorie erfolgt über ein Dropdown-Menü aus der Liste „belastungskategorien“.

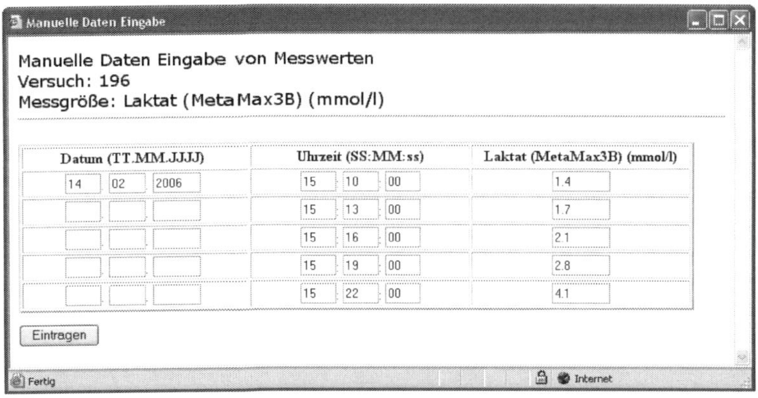

Abbildung 28: Manuelle Eingabe von Messwerten

5.3.3.3. Werte ändern oder löschen

Sollte es notwendig sein, Messwerte in der Datenbank zu ändern oder zu löschen, müssen zunächst die Versuchsidentifikationsnummer und die betreffende Messgröße eingegeben werden. Im Anschluss werden alle zutreffenden Datensätze angezeigt. Messwerte können gelöscht oder geändert werden, auch die zugehörigen Zeitstempel können berichtigt werden. Für die Änderung von Tätigkeiten werden alle vorhandenen Tätigkeiten über ein Menü zur Auswahl angeboten.

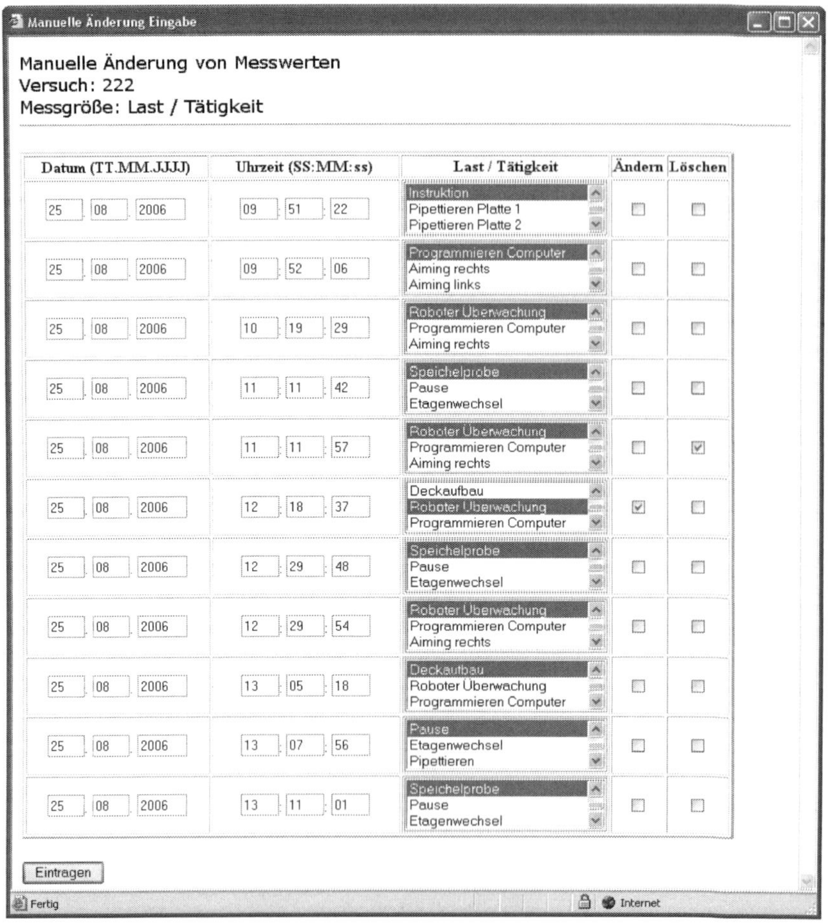

Abbildung 29: Manuelles Ändern von Messwerten

5.3.3.4. Eingabe des NASA-TLX

Der NASA-TLX (National Aeronautics and Space Administration - Task Load Index) [14] wird üblicherweise in Papierform erhoben[8]. Dieser Test erfordert das spontane Eintragen eines Punktes auf einer Linie zwischen 0 und 100 für die Festlegung zwischen minimalem und maximalem Zutreffen der jeweiligen Aussage. Der genormte Abstand zwischen 0 und 100 beträgt 10 Zentimeter. Die Aussagen umfassen geistige Anforderung, körperliche Anforderung, zeitliche Anforderung, Leistung, Anstrengung und Frustration. Über einen kompletten Paarvergleich muss eine Wichtung des Zutreffens der jeweiligen Aussage auf die konkrete Arbeitsaufgabe angegeben werden.

Für den Aufruf des Nutzerinterfaces für das Eingeben von NASA-TLX Werten muss die zugehörige Versuchsnummer angegeben werden. Eingetragene Werte im NASA-TLX werden mit einem Millimeterlineal ermittelt. Diese Werte und die Wichtung der einzelnen Aussagen werden dann in die Maske eingetragen. Zusätzlich wird der Zeitpunkt der Erhebung erfasst. Nach Plausibilitätsprüfung wird der Gesamtwert für den NASA-TLX automatisch berechnet. Alle erfassten und berechneten Daten werden abschließend in der zentralen Datenbank gespeichert.

$$NASA-TLX = \sum_{i=1}^{6} \frac{Wert_i \times Wichtung_i}{15}$$

Formel 10: Berechnung Nasa-TLX

---

[8] Alternativ kann die offizielle elektronische Form auch über PC durchgeführt werden. Die Genauigkeit ist dann aber auf fünf Prozent limitiert, und Werte unter fünf können nicht gewählt werden [http://www.nrl.navy.mil/aic/ide/NASATLX.php]. Damit eignet sich diese Form nicht oder nur bedingt für arbeitsmedizinische Felduntersuchungen.

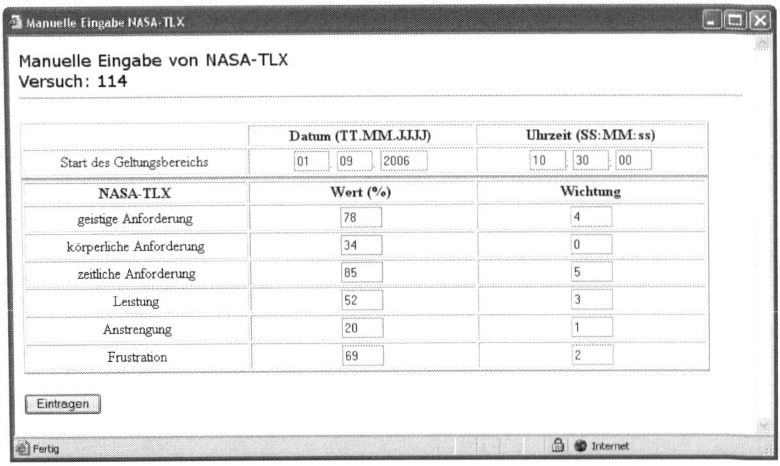
Manuelle Eingabe NASA-TLX

Manuelle Eingabe von NASA-TLX
Versuch: 114

	Datum (TT.MM.JJJJ)	Uhrzeit (SS:MM:ss)
Start des Geltungsbereichs	01 . 09 . 2006	10 : 30 : 00

NASA-TLX	Wert (%)	Wichtung
geistige Anforderung	78	4
körperliche Anforderung	34	0
zeitliche Anforderung	85	5
Leistung	52	3
Anstrengung	20	1
Frustration	69	2

Eintragen

Fertig Internet

Abbildung 30: Eingabe des NASA-TLX

5.3.3.5. Eingangsuntersuchung

Für die Auswertung arbeitsphysiologischer Felduntersuchungen ist es oft notwendig, typische anatomische, allgemeine und leistungsbezogene Eigenschaften der Arbeitenden versuchsbezogen einzubeziehen. Dafür wurde ein spezielles Interface entwickelt.

Nach Angabe der Versuchsnummer werden die typischen Parameter in einer Tabelle angezeigt. Die Eingabe des Zeitstempels ist erforderlich. Der Anwender kann genau die Daten eingeben, die für die Untersuchung notwendig sind. Nur ausgefüllte Felder werden für die Einträge in die Datenbank berücksichtigt. Durch die universelle Gestaltung können in dieser Maske für viele verschiedene Parameter Werte eingegeben werden. Deshalb kann sie für eine Vielzahl von unterschiedlichen Untersuchungsanforderungen benutzt werden.

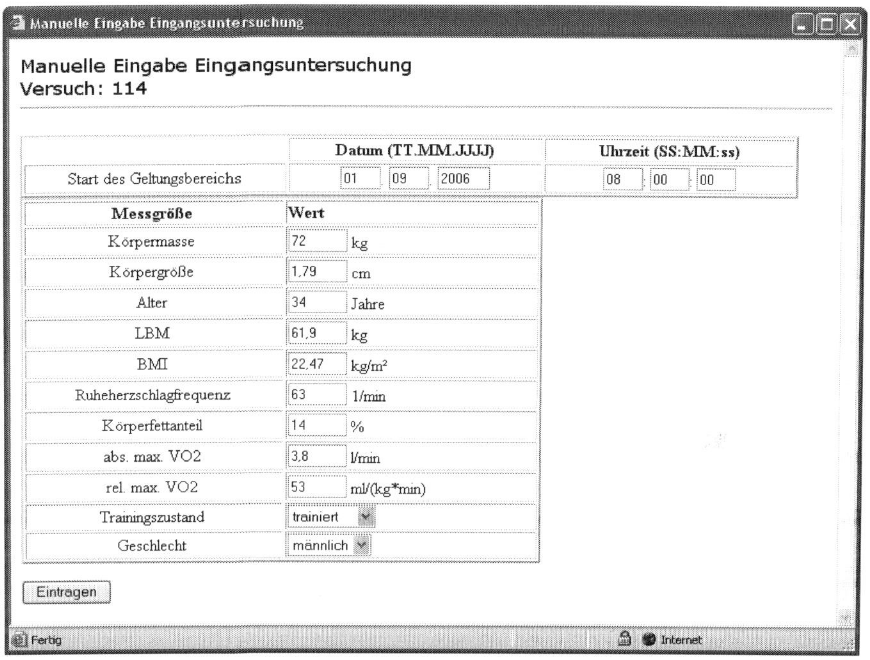
Manuelle Eingabe Eingangsuntersuchung

Manuelle Eingabe Eingangsuntersuchung
Versuch: 114

	Datum (TT.MM.JJJJ)	Uhrzeit (SS:MM:ss)
Start des Geltungsbereichs	01 . 09 . 2006	08 : 00 : 00

Messgröße	Wert
Körpermasse	72 kg
Körpergröße	1,79 cm
Alter	34 Jahre
LBM	61,9 kg
BMI	22,47 kg/m²
Ruheherzschlagfrequenz	63 1/min
Körperfettanteil	14 %
abs. max. VO2	3,8 l/min
rel. max. VO2	53 ml/(kg*min)
Trainingszustand	trainiert
Geschlecht	männlich

Eintragen

Fertig — Internet

Abbildung 31: Eingabe der Daten aus einer Eingangsuntersuchung

5.3.3.6. Protokollgestützte Eingabe von Cortisol und Amylase

Einige Parameter können nicht direkt vor Ort gemessen werden, sondern erfordern eine Laboranalyse. Dazu gehören z.B. Cortisol- und Amylasekonzentration im Speichel. Sind diese Parameter für eine Untersuchung zu erheben, müssen die Arbeitenden zu bestimmten Zeitpunkten Speichelproben in Salivetten geben. Der exakte Zeitpunkt der Entnahme der Speichelproben ist für die spätere Analyse (Anlegen einer Nährungskurve) sehr wichtig. Diese Zeitpunkte werden deshalb während der Untersuchung als Tätigkeit protokolliert. Die Ergebnisse der Laboranalyse werden zurzeit nur in Papierform bereitgestellt und müssen manuell eingegeben werden.

Der Aufruf des Moduls erfordert zunächst die Angabe der Versuchsnummer. Daraufhin werden alle protokollierten Speichelproben mit den zugehörigen Zeitstempeln aufgelistet. In zwei weiteren Spalten werden dann Cortisol- bzw. Amylasewerte eingetragen. Für die Datenbankeinträge der Messwerte werden die Zeitstempel übernommen. Der Aufwand der manuellen Eingabe wird so gering gehalten.

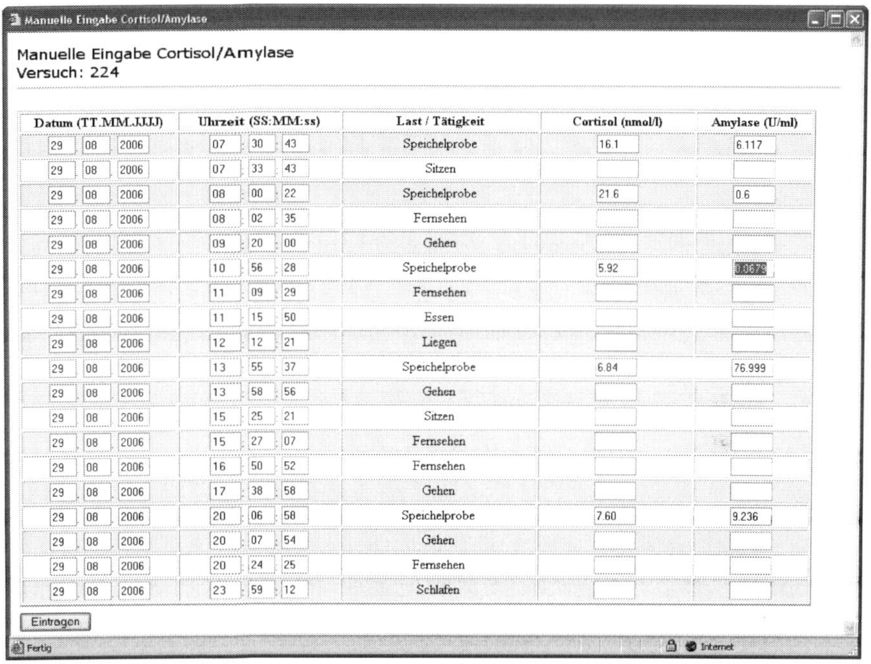

Datum (TT.MM.JJJJ)	Uhrzeit (SS:MM:ss)	Last / Tätigkeit	Cortisol (nmol/l)	Amylase (U/ml)
29.08.2006	07:30:43	Speichelprobe	16.1	6.117
29.08.2006	07:33:43	Sitzen		
29.08.2006	08:00:22	Speichelprobe	21.6	0.6
29.08.2006	08:02:35	Fernsehen		
29.08.2006	09:20:00	Gehen		
29.08.2006	10:56:28	Speichelprobe	5.92	0.0679
29.08.2006	11:09:29	Fernsehen		
29.08.2006	11:15:50	Essen		
29.08.2006	12:12:21	Liegen		
29.08.2006	13:55:37	Speichelprobe	6.84	76.999
29.08.2006	13:58:56	Gehen		
29.08.2006	15:25:21	Sitzen		
29.08.2006	15:27:07	Fernsehen		
29.08.2006	16:50:52	Fernsehen		
29.08.2006	17:38:58	Gehen		
29.08.2006	20:06:58	Speichelprobe	7.60	9.236
29.08.2006	20:07:54	Gehen		
29.08.2006	20:24:25	Fernsehen		
29.08.2006	23:59:12	Schlafen		

Abbildung 32: Protokollgestützte Eingabe von Cortisol- und Amylasewerten

5.4. Online Datenerfassung

Um das geplante Gesamtsystem künftig auch für zeitnahe oder online Auswertungen nutzen zu können, ist es notwendig, physiologische Daten auch in Echtzeit zu erfassen. So wäre es möglich, spezielle arbeitsmedizinische Untersuchungen an Hand der online-Auswertung schon während der Laufzeit des Versuchs zu modifizieren.

Die Parameter Herzfrequenz und Herzschlagintervalle sind arbeitsphysiologisch von besonderem Interesse. Speziell die Informationsverdichtung der Herzfrequenzvariabilität über Spektralanalysen ermöglicht Rückschlüsse auf die psychische Beanspruchung des Arbeitenden. Deshalb wurde der Beispielparameter Herzschlagintervalle für eine online Datenerfassung ausgewählt.

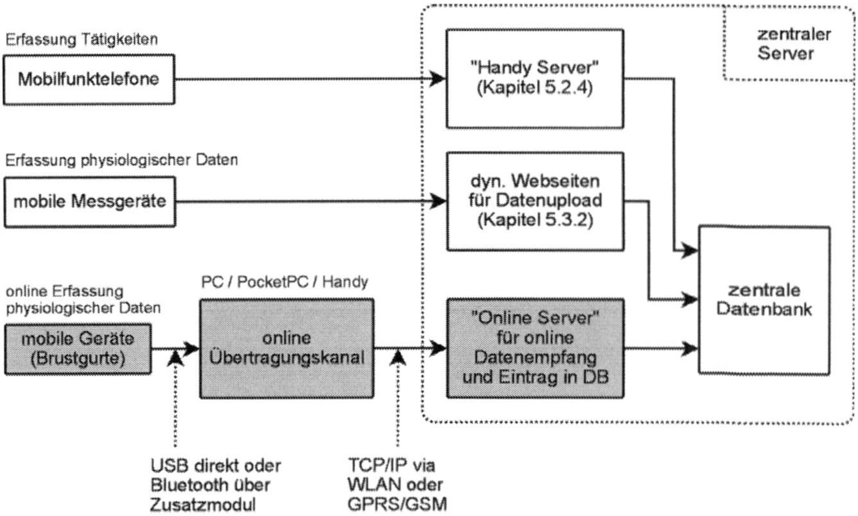

Abbildung 33: Übersicht Online-Erfassung von physiologischen Messdaten

Die Messwerterfassung (Messung) soll weiterhin durch die bereits vorhandenen Geräte erfolgen. Die Realisierung umfasst deshalb im Wesentlichen die Datenübertragung.

Dabei ist es wichtig, Mobilität und Versorgungsunabhängigkeit vorhandener Messgeräte nicht einzuschränken (Messwertübertragung per Nahfunk).

5.4.1. Herzschlagintervallerfassung mit Polar

Ein OEM-Entwicklungskit der Firma Polar [152] erlaubt es, eigene Geräte zu entwickeln. Kern ist der PSCR (Polar Smart Coded Receiver). Dabei handelt es sich um eine kleine elektronische Einheit in Form einer Platine, die die von den Brustgurten gesendeten Herzschläge empfängt und in digitaler Form verfügbar macht. Der maximale Abstand zwischen Brustgurt und PSCR beträgt ca. 1 Meter. Die Messdaten sollen möglichst über eine Standardschnittstelle von einem Mobilfunktelefon oder Computer erfasst, aufbereitet und über eine InternetNetzwerkverbindung (Internet) bis zum zentralen Server übertragen werden.

Um die Mobilität nicht einzuschränken, wurde als erste Standardschnittstelle eine drahtlose Verbindung gewählt. Ein etablierter Standard für Nahfunkverbindungen ist Bluetooth [153], wobei sich die Daten einige zehn Meter weit übertragen lassen.

Eine günstige mobile Netzwerkanbindung kann über WLAN (Wireless Local Area Network) oder GPRS (General Packet Radio Service) via GSM (Global System for Mobile Communications) etabliert werden.

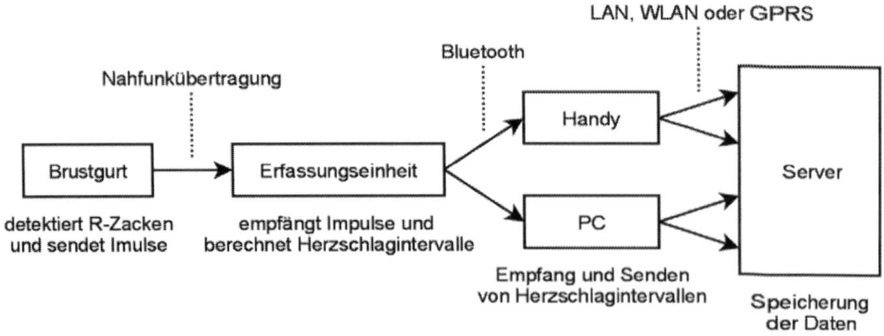

Abbildung 34: Übersicht Echtzeitdatenübertragung mit Polar

Über die dargestellte Kommunikations- und Schnittstellenkette können die Daten online auf den Datenbankserver übertragen werden.

5.4.1.1. Prototypentwicklung: Hardware und Software

Der Polar Smart Coded Receiver erhält bei jedem erkannten Herzschlag ein Triggersignal vom Brustgurt und gibt dieses über einen digitalen Anschluss aus. Für die Messung des Zeitintervalls zwischen aufeinander folgenden Herzschlägen musste das zu entwickelnde Gerät über eine eigene präzise Zeitmessung verfügen. Diese notwendige Datenverarbeitung und die Steuerung der Bluetoothschnittstelle erfolgen durch einen Mikroprozessor.

Der benutzte MSP430 der Fa. Texas Instruments ist ein effizienter und stromsparender Mikrocontroller. Taktfrequenz und Timer können durch externe Quarze gesteuert werden. Der Controller kann in C oder Assembler programmiert werden. Externe Signale können über Interrupts Ereignisfunktionen aufrufen.

Für die Integration einer Bluetoothschnittstelle wurde das Modul 1408_CL2 der Fa. LinTech verwendet. Es verfügt über vielfältige Einstellungs- und Stromsparmöglichkeiten, die über den Mikrocontroller gesteuert werden können.

Für die Erstellung eines Prototyps wurde eine Schaltung, bestehend aus folgenden Modulen, entwickelt:

- Polar Smart Coded Receiver,
- LinTech 1408_CL2 Bluetooth Modul,
- TI MSP430F149 Mikrocontroller,
- Input / Outputadapter und
- Spannungsversorgung.

Die einzelnen Module werden durch Aufstecken auf ein Mainboard miteinander verbunden, um in diesem Entwicklungsstadium noch Anpassungen durchführen zu können, ohne die gesamte Schaltung zu ändern. Schaltungsentwurf und Leiterplattenlayout erfolgten mit Eagle [154].

Die Programmierung des Mikrocontrollers erfolgt unter Verwendung des IAR Embedded Workbench Kickstart Version [155] in der Programmiersprache C. Mit dieser freien Entwicklungsumgebung können Programme mit bis zu 4kB Code erzeugt werden, für die Funktion des Geräts ist das ausreichend.

Nach Initialisierung des Controllers wird die Timerfunktion alle 288 Systemtakte aufgerufen. Da der Systemtakt durch einen 3,6864MHz Quarz vorgegeben wird, beträgt die Zeitbasis so 1/12.800 Sekunden und eignet sich für die geplante Zeiterfassung mit einer geforderten Genauigkeit von mindestens einer Millisekunde. Über einen Zähler wird jeder Aufruf und damit auch die Zeit gezählt.

Sobald eine R-Zacke detektiert und vom Brustgurt an den PSCR gesendet wurde, wird eine extern getriggerte IRS (Interrupt Service Routine) aufgerufen. Diese berechnet anhand der seit dem letzten Aufruf gezählten Systemtakte die Zeitdifferenz und gibt diese über die

Bluetooth-Schnittstelle aus. Sollte über einen Zeitraum von vier Sekunden kein Herzschlag erkannt werden, so wird der Wert 4.000 übertragen. Für den Empfänger ist daran erkennbar, dass es sich nicht um ein Herzschlagintervall, sondern um ein zeitweiliges Aussetzen des Systems handelt. (Schaltung und Programm des Mikrocontrollers in der Anlage)

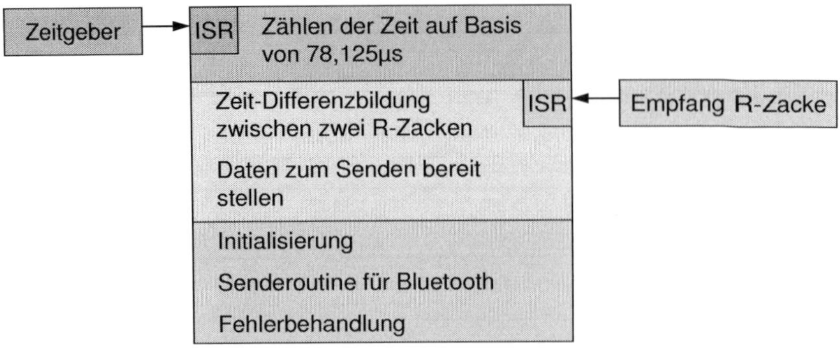

Abbildung 35: Programmstruktur für Mikrocontroller

5.4.1.2. Software für Aufnahme und Übertragung

Für die online-Übertragung der Herzschlagintervalle an den zentralen Datenserver müssen die über Bluetooth gesendeten Daten über eine TCP/IP-Verbindung weitergeleitet werden. Dazu müssen die Daten auf einem Gerät mit Bluetooth-Schnittstelle empfangen und entsprechend weitergesendet werden.

Aufgrund der weiten Verbreitung auf Desktop- und mobilen PocketPCs wurde die Software „BlueHeart" für Windows-Betriebssysteme erstellt. Der verwendete PC verfügt über eine kabelgebundene Netzwerkanbindung. Die Software kann mit geringen Modifikationen auch auf Geräten mit dem Betriebssystem Windows Mobile ausgeführt werden. In diesem Fall würden das geräteinterne Bluetoothmodul und WLAN bzw. GPRS verwendet werden.

Für den Prototyp wurde ein Bluetooth-USB Dongle BT3030 der Fa. Tecom eingesetzt [156]. Nach Treiberinstallation verhält sich der Bluetoothanschluss wie eine serielle Schnittstelle.

Das Programm „BlueHeart“ setzt sich aus vier Hauptbestandteilen zusammen:

- Einstellungen,
- serieller Empfang,
- lokale Speicherung einer Sicherheitskopie und
- Datenübertragung an den Server.

Die Einstellungen umfassen technische und versuchsbedingte Bereiche. Für die korrekte Funktion müssen die serielle Schnittstelle, IP-Adresse und Portnummer des Servers und als Puffer eine gültige lokale Speicherdatei angegeben werden. Für diese Daten werden zum Programmstart automatisch die zuletzt verwendeten geladen. Für die richtige Zuordnung des Versuchs müssen Versuchsnummer und Versuchsbearbeiter eingetragen werden.

Der serielle Datenempfang wird über eine Datenstromschnittstelle, basierend auf Windows APIs, geöffnet. Über einen zeitgesteuerten Interrupt lassen sich dann die eingehenden Daten lesen und verarbeiten.

Für die lokale Speicherung wird die zuvor festgelegte Datei über die Windows APIs geöffnet. Zur Identifizierung werden Versuchsnummer und Bearbeiter gespeichert. Die Daten werden jeweils direkt nach Empfang an die Datei angehängt.

Für die Datenübertragung an den Server wird in einem festen Zeitintervall (bei Bedarf sogar nach jedem empfangenem Herzschlagintervall) eine Netzwerkverbindung geöffnet. Hierfür wird ähnlich wie im Programm „Handy Server“ ein Objekt basierend auf der MFC-Klasse „CAsyncSocket“ verwendet. Für die Datenübertragung wurde ein eigenes Protokoll entwickelt. Nach Verifizierung der Daten werden diese in die Datenbank eingetragen.

5.4.2. Herzschlagintervallerfassung mit Suunto

Für die Übertragung der Daten vom Brustgurt wird bei der Fa. Suunto der für die kommerzielle Nutzung offene Nahfunkbereich von 2,4 GHz benutzt. Die Fa. Suunto bietet für die Erfassung der Funksignale USB-Adapter an, so genannte PC PODs [157]. Über mitgelieferte Treiber und DLLs (Dynamic Link Library) können die Funktionen für eigene Software genutzt werden. Dabei können über einen PC POD von bis zu drei Brustgurten gleichzeitig Daten empfangen werden. Der maximale Abstand beträgt circa zehn Meter. Alternativ kann auch ein so genannter Team POD eingesetzt werden, dessen Reichweite 100 Meter beträgt. Es können dann Signale von bis zu 30 Brustgurten gleichzeitig empfangen werden. PC POD und Team POD werden über einen USB-Anschluss (universal serial bus) mit einem PC verbunden [158]. Bei der Verwendung von z.B. Handheld-PCs, die über USB-Anschluss und eine Funkschnittstelle verfügen, ist auch hier der Einsatz für Feldversuche denkbar.

Standardmäßig wird das Programm Suunto Monitor für die Anzeige und Auswertung der Herzfrequenzdaten verwendet. Es gestattet Anzeige und Aufzeichnung der Daten in Echtzeit. Eine weitere Verarbeitung und Auswertung der Daten kann mit den Programmen

Suunto Trainings Manager oder Suunto Team Manager vorgenommen werden.

Für die direkte Weiterleitung der Daten wurde eine eigene Software auf Grundlage der mitgelieferten Win32 DLL (Dynamic Link Library) erstellt.

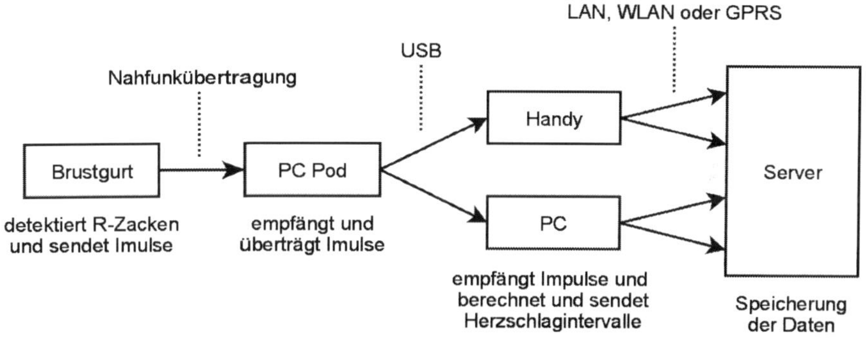

Abbildung 36: Übersicht Echtzeitdatenübertragung mit Suunto

5.4.2.1. Suunto Bibliothek

Die Bibliothek „SuuntoPod.dll" enthält eine Reihe von Funktionen für die Kommunikation und die Steuerung des PC POD. Für eine einfache Verwendung in C++-Programmen wird (im Rahmen des SDK) die Wrapper Klasse „PodManager" (Klassenbibliothek) mitgeliefert [159]. Alle Bibliotheksfunktionen werden durch eine Wrapper-Funktion zugänglich gemacht.

Die wichtigsten Funktionen der Bibliothek sind:

PODMONITOR_Open – Initialisierung der DLL

PODMONITOR_Close – Terminierung der DLL

HRBELT_GetId – liefert die Identifikationsnummer des Brustgurtes für Unterscheidung von Gurten und Probanden

HRBELT_GetHr – liefert die aktuelle durchschnittliche Herzfrequenz des jeweiligen Brustgurtes

HRBELT_StartCollecting – startet die Aufzeichnung von Herzschlagintervallen, löscht zuvor aufgezeichnete Daten

HRBELT_StopCollecting – stoppt die Aufzeichnung von Herzschlagintervallen

HRBELT_GetIbi – liest alle aufgezeichneten Herzschlagintervalle aus

PODMONITOR_GetNumberOfPods – gibt die Anzahl der angeschlossenen PC- bzw. Team PODs aus

PODMONITOR_GetHrBelt – gibt Zeiger auf einen Brustgurt zurück (wird für alle weiteren Funktionen benötigt)

PODMONITOR_Update – erkennt neu angeschlossene PODs, wird automatisch vorgenommen

5.4.2.2. Software für Aufnahme und Übertragung

Das Programm „SuuOnline“ wurde für die Registrierung, Speicherung und Übertragung von Herzschlagintervallen über einen PC POD erstellt. Die Software wurde als Prototyp ebenfalls für Windows 32 Betriebssysteme erstellt und kann bei Bedarf einfach an zukünftige oder mobile Betriebssysteme angepasst werden. Die Funktionen des Programms gleichen denen von „BlueHeart“.

- Einstellungen,
- Empfang der Herzschlagintervalle,
- Speicherung der Daten als Sicherheitskopie und
- Übertragung der Daten an den Server.

IP-Adresse, Portnummer des Servers, eine lokale Speicherdatei, Versuchsnummer und Versuchsbearbeiter zur Verwaltung der Daten müssen auch hier eingestellt werden. Falls mehrere Suunto Brustgurte gleichzeitig aktiv sind, muss der des zu untersuchenden Probanden in einer automatisch erstellten Liste ausgewählt werden.

Über die APIs des PC POD-Treibers werden in einem festen Zeitintervall alle registrierten Herzschlagintervalle ausgelesen und verarbeitet.

Die lokale Speicherung wird über Windows APIs vorgenommen Dabei werden Versuchsnummer und Bearbeiter gespeichert. Die Daten umfassen dann die jeweiligen Messdaten mit dem zugehörigen Zeitstempel. Auch sie werden direkt nach dem Auslesen an die zuvor festgelegte Datei angehängt.

Die Übertragung der Daten an den Server erfolgt analog der aus dem Programm „BlueHeart".

5.4.3. Serverprogramm

Das Serverprogramm für den Empfang von Online-Daten ist prinzipiell wie das Programm „Handy Server" aufgebaut. Wegen der datenpaketgesteuerten Kommunikation wird eine tatsächlich permanente Verbindung zur Datenbank nicht benötigt. In einem hinreichend kleinen Zeitabstand können die Datenverbindungen hergestellt werden. Das zu erwartende relativ geringe Datenaufkommen bei arbeitsphysiologischen Untersuchungen rechtfertigt dieses Vorgehen.

Auf dem Datenserver wird das Programm „Server Online" ausgeführt, das ermittelte Herzschlagintervalle von beiden Geräten annimmt und nach Verarbeitung in die Datenbank schreibt. Aufgrund der gleich strukturierten Daten wurde ein gemeinsames Protokoll entwickelt.

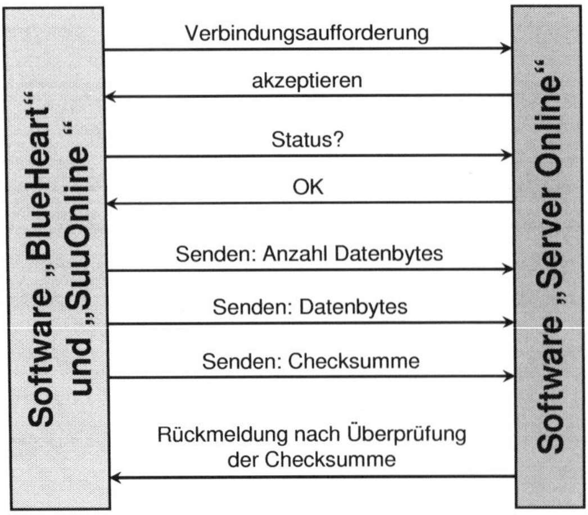

Abbildung 37: Protokoll Echtzeitdatenübertragung an Server

Nach erfolgreichem Verbindungsaufbau wird zunächst eine Statusanfrage an „Server Online“ gesendet. Wurde diese bestätigt, kann die Datenübertragung beginnen. Es werden Anzahl der folgenden Daten, das Datenpaket und eine Checksumme gesendet. Nach Überprüfung der Checksumme können die Daten in die Datenbank geschrieben werden.

Die Datenbankanbindung wurde wie im Programm „Server Handy“ über eine lokale ADO-Schnittstelle (ActiveX Data Objects) realisiert. Dabei werden die gleichen Überprüfungen wie dort ausgeführt. Sollte kein Eintrag möglich sein oder ein anderer Fehler auftreten, wird eine entsprechende Nachricht gesendet und der Nutzer wird informiert. Zusätzlich kann eine lokale Sicherheitskopie der empfangenen Daten gespeichert werden.

5.5. Visualisierung

Für eine erste Einschätzung des Untersuchungsverlaufs und der aufgenommenen Messwerte wurde eine Visualisierungsfunktion implementiert. Die grafische Darstellung soll einen Überblick und eine Kontrollmöglichkeit über die Versuchsdaten liefern.

Die Darstellung physiologischer Parameter in Form zeitbezogener Liniendiagramme ist in der Medizin etabliert, wobei die gleichzeitige Darstellung mehrerer Messgrößen möglich sein sollte.

Bei arbeitsphysiologischen Untersuchungen ist die ausgeübte Tätigkeit des Probanden von besonderer Bedeutung. Dieser Parameter ändert sich relativ selten und hat in der Regel einen Geltungsbereich von wenigstens einigen Minuten. Er stellt also einen quasi-stationären Bereich dar. Die Tätigkeit wird deshalb nicht als Linie, sondern als farbiger Hintergrund angezeigt. Jeder Tätigkeit wird dabei eine andere Farbe so zugeordnet, dass eine optimale Unterscheidbarkeit gegeben ist. Die physiologischen Parameter können so visuell den stationären Tätigkeiten zugeordnet werden.

Die Visualisierung wurde als dynamische serverbasierte Webseite in das Gesamtsystem implementiert. Auch hier ist die Nutzung über eine Netzwerkverbindung und einen Standardbrowser möglich. Es müssen keine Rohdaten oder Berechnungsroutinen übermittelt werden, sondern nur das angeforderte Diagramm als Grafik.

Die Programmierung der gesamten Funktion erfolgte wiederum in PHP. Bei Bedarf können ausgewählte Daten auch im Textformat ausgegeben werden. Falls notwendig, wird der KAB-Wert (numerisches Ergebnis des Kurzfragebogens zur aktuellen Beanspruchung) aus den Antworten auf den zugehörigen Fragebogen ermittelt [vgl. Kapitel 5.2.2].

Der Anwender wählt zunächst den zu visualisierenden Versuch aus. Es wird dann eine erste Visualisierung mit Standardeinstellungen vorgenommen. Aus dieser Darstellung heraus können dann Einstellungen verändert und eine neue Visualisierung angefordert werden. So können die darzustellenden physiologischen Parameter aus einer Liste ausgewählt werden, und die Größe der gesamten Grafik kann für eine optimale Darstellung angepasst werden. Es kann der genaue Zeitbereich für die darzustellenden Parameter angegeben werden. Zusätzlich können noch einige Darstellungsoptionen wie „Punkte markieren“ oder „Punkte beschriften“ ausgewählt werden.

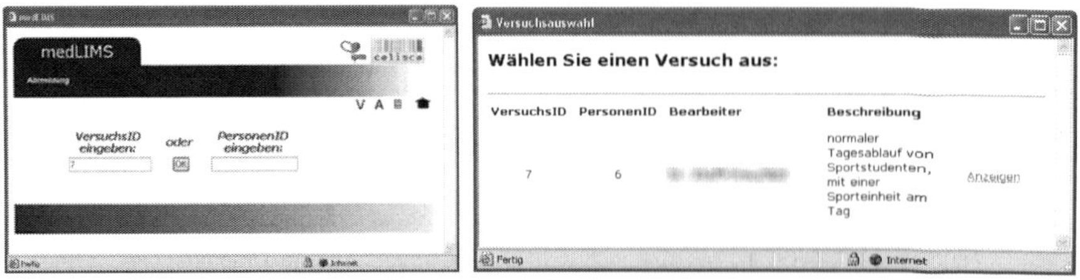

Abbildung 38: Auswahl von zu visualisierendem Versuch

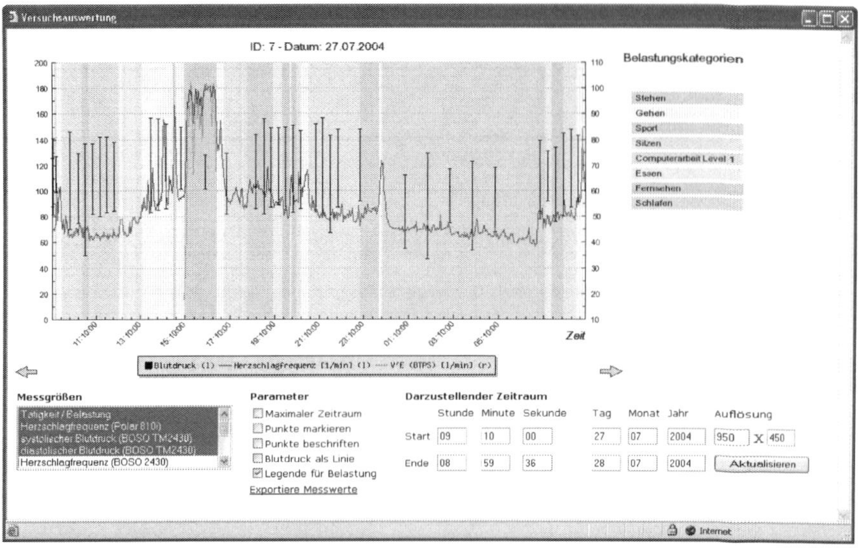

Abbildung 39: Beispielvisualisierung

5.5.1. Grafische Darstellung

Für die Programmierung wurde die PHP-Bibliothek JPGraph der Fa. Aditus Consulting genutzt [160]. Sie umfasst eine Vielzahl an Funktionen für die grafische Darstellung von Daten wie Linien-, Balken-, Torten- und Fehlerdiagrammen. Aus übergebenen Daten und Vorgaben wird ein Bild erstellt, das dann übertragen und/oder angezeigt werden kann.

JPGraph selbst ist objektorientiert aufgebaut. Alle Funktionsaufrufe sind Methoden einer Klasse. Zunächst wird unter Angabe der horizontalen und vertikalen Ausdehnung der zu zeichnenden Grafik ein Objekt der Klasse „Graph" erstellt. Danach können Daten in Form einzelner Diagramme hinzugefügt und Einstellungen vorgenommen werden. Abschließend wird die Grafik erzeugt.

Für eine optimale Darstellung der Zeitachse wurde eine Funktion zur automatischen Anpassung neu erstellt. Auf diese Weise können die Zeitabstände benutzerfreundlich in Sekunden, Minuten, Viertelstunden oder Stunden angegeben werden. Die nichtdekadische Zeitdarstellung macht die Vorgabe von Referenzwerten notwendig. Die Formatierung der in Sekunden seit 1970 angegebenen Zeiten in den Zeitstempeln erfolgt durch die Integration einer Formatierungsfunktion, die diese automatisch in Stunden, Minuten und Sekunden umrechnet.

Um die Tätigkeiten als Hintergrundfarbe darzustellen, wird für jeden Tätigkeitsabschnitt ein vertikaler farbiger Bereich über Objekte der Klasse „PlotBand" erzeugt und zur Grafik hinzugefügt.

Die meisten physiologischen Parameter werden als einfache Linien visualisiert. Hierfür werden Objekte der Klasse „LinePlot" erzeugt und die Messwerte des jeweiligen Parameters als Attribute geladen. Bei einigen Messgrößen wie „Herzschlagintervalle" können sehr viele

Messwerte in einem darzustellenden Zeitbereich auftreten. Da die horizontale Auflösung jedoch limitiert ist und nur die Darstellung einer begrenzten Anzahl von Bildpunkten zulässt, ist es sinnvoll, die zeitliche Auflösung virtuell der tatsächlich darstellbaren anzupassen. Für den Fall, dass für einen Bildpunkt mehrere Messpunkte einzuzeichnen wären, wird durch die Funktion „export" aus den Daten der Datenbank ein berechneter Mittelwert für die Messgröße und diesen Bildpunkt ermittelt. Durch diese Reduzierung der zu zeichnenden Werte wird die Bilderstellung stark beschleunigt. So werden im Extremfall statt ca. 100.000 Herzschlagintervallen während eines Tagesprofils z.B. nur 0,8 Prozent der Werte (für 800 Bildpunkte) gezeichnet. Die Ausführungsgeschwindigkeit steigert sich dadurch fast um den Faktor 100. Der Rechenmehraufwand für die Mittelwertbildung fällt im Vergleich dazu kaum ins Gewicht.

Sollen neben der Tätigkeit mehr als eine Messgröße dargestellt werden, so wird eine zweite vertikale Werteachse eingefügt. Alle Messgrößen werden dann automatisch anhand ihrer Minima und Maxima entweder der linken oder der rechten Werteachse zugeordnet. Auf diese Weise können auch Parameter mit stark unterschiedlichen Wertebereichen optimal angezeigt werden.

Für die Darstellung des Blutdrucks wurde zusätzlich zum Liniendiagramm eine in der Medizin gebräuchliche Darstellung implementiert. Der systolische und der diastolische Wert des Blutdrucks werden über eine Senkrechte (mit zwei kleinen horizontalen Abschlüssen) angezeigt, wie sie aus Fehlerdarstellungen bekannt ist.

Die Visualisierung des KAB-Wertes erfolgt nicht über direkt verbundene Punkte, sondern stufenförmig. Auf diese Weise können die Werte bereichsspezifisch dargestellt werden.

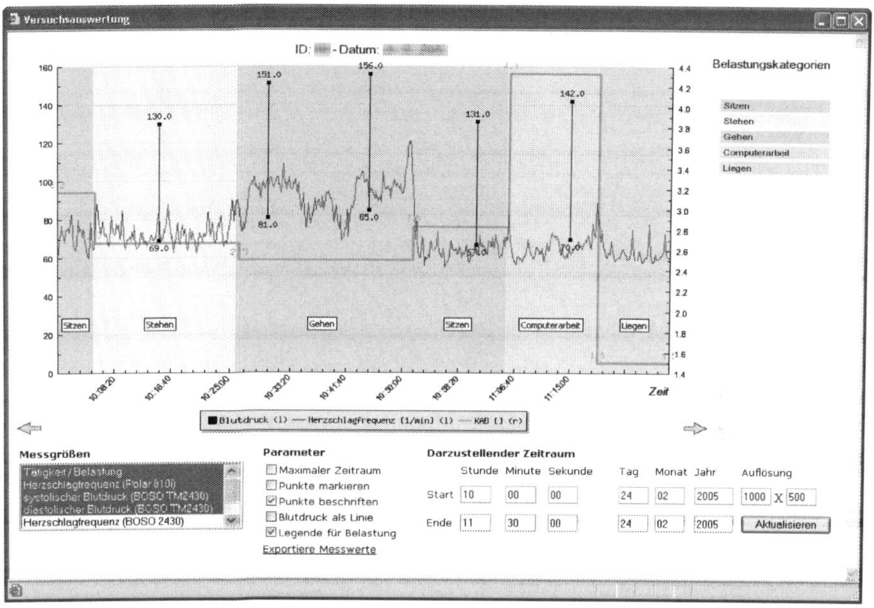

Abbildung 40: Darstellung von Blutdruckwerten und KAB mit Beschriftung

Der Nutzer kann auswählen, ob einzelne Messpunkte markiert und mit ihren Werten beschriftet werden sollen. Um eine übersichtliche Darstellung zu gewährleisten, wird automatisch überprüft, ob die Dichte der Messwerte in der Darstellung das zulässt.

Eine Legende der Messgrößen und der Tätigkeiten erleichtert die Interpretation des Diagramms. Tätigkeiten werden über farbige Balken und zugehörigen Text aufgeschlüsselt. Die einzelnen Parameter werden mit ihrem Farbcode im Diagramm und der Einheit dargestellt.

Um den Komfort des Betrachters am Standardbrowser zu erhöhen, wurden in die Grafik einige zusätzliche Funktionen implementiert. So wird bei Mausbewegungen über einen Tätigkeitsbereich die zugehörige Tätigkeit angezeigt.

Einzelne Tätigkeitsbereiche können für eine Zoomfunktion angeklickt werden. Sämtliche Einstellungen der Visualisierung bleiben erhalten, nur der dargestellte Ausschnitt wird auf den der ausgewählten Tätigkeit (und einen beidseitigen Rand) fokussiert. Dadurch können Parameterverläufe mit mehr Details angezeigt werden und ermöglichen so eine differenziertere Auswertung. Der angezeigte Bereich kann über zwei Pfeiltasten zeitlich nach vorne und hinten verschoben werden. Auf diese Weise kann in der Untersuchungsdarstellung navigiert werden.

5.5.2. Datenausgabe im Textformat

Über einen Hyperlink kann der Nutzer die der Visualisierung zugrunde liegenden Daten anfordern. Es werden alle dargestellten Parameter im ausgewählten Zeitbereich berücksichtigt. Die Ausgabe erfolgt im Textformat. Die Bezeichnung der einzelnen Messgrößen zeigt den Beginn jeder Messreihe an. Zu jedem Messwert wird der Zeitstempel in formatierter Darstellung angegeben. Der Anwender kann so mit den Daten weiterführende Auswertungen vornehmen.

5.5.3. KAB-Berechnung

Zu Beginn der Visualisierung wird überprüft, ob die KAB-Werte für den jeweiligen Versuch bereits berechnet wurden und in der zentralen Datenbank vorhanden sind. Ist dies nicht der Fall, wird die entsprechende Berechnungsprozedur automatisch ausgeführt[9].

$$Wert_{KAB} = \frac{21 - Frage_1 + Frage_2 - Frage_3 + Frage_4 - Frage_5 + Frage_6}{6}$$

Formel 11: Berechnung KAB

[9] Die Antworten auf die Fragen werden zunächst in eine Antwortskala von 1 bis 6 konvertiert. Die Werte für die erste, dritte und fünfte Antwort werden invertiert. Anschließend werden alle Werte gemittelt. Der Ergebniswert zwischen 1 und 6 gibt die aktuelle Beanspruchung zwischen minimal und maximal an. Die Ergebniswerte werden in der Datenbank unter der Messgröße „KAB" eingetragen und können für nachfolgende Visualisierungen und Auswertungen verwendet werden.

5.6. Informationsverdichtung

Es existieren bereits Methoden für die Informationsverdichtung von Parametern und Messwerten aus arbeitsphysiologische Untersuchen. Ergebnis sind dann eine reduzierte Anzahl von Parameter und Werten mit einer höheren Aussagekraft bezüglich der arbeitsphysiologischen Fragestellung. Oft werden solche Informationsverdichtungen computergestützt vorgenommen. In der Regel handelt es sich dabei um Einzelnutzerprogramme. Je nach Methode werden dabei lineare oder komplexere Berechnungen vorgenommen oder Werte aus Vergleichstabellen ermittelt.

Ziel im Rahmen dieser Arbeit ist es, diese Methoden zentral auf dem Datenserver vorrätig zu halten, um sie auf die dort gesammelten Daten anwenden zu können. Jede dieser Methoden wurde anhand wissenschaftlicher Studien entwickelt, an verschiedenen Populationen überprüft und stellt so einen eigenen wissenschaftlichen Wert dar. Diese Methoden sollen nur „per Fernsteuerung" gestartet und deren Ergebnisse ausgelesen werden können. So sind sie für autorisierte Anwender von beliebigen Rechnern aus zugänglich und gleichzeitig bleiben die Methodenalgorithmen vor unerwünschtem Zugriff geschützt.

Die bereits als Einzelnutzerversion vorhandenen Auswertemethoden „Fuzzy-Fitness-Schätzung", „Anthro" und „Astrand" wurden adaptiert. Die „HRV-Analyse" wurde speziell neu erstellt.

5.6.1. Remote Procedure Call

Die Fernausführung von Methoden wird als Remote Procedure Call (RPC) bezeichnet. Die Bedienung der RPC und eventuelle Nutzereingaben werden über dynamische Webseiten vorgenommen.

Zunächst werden die zu verarbeitenden Daten für die jeweilige Methode angegeben. Die Daten können entweder über eine Eingabemaske online oder über einen Verweis zu einem bereits durchgeführten Versuch aus der Messdatenbank „chronometrage“ geladen werden. Diese Daten werden dann in der Tabelle „rpcprozessehabenparameter“ in der zentralen Datenbank gespeichert.

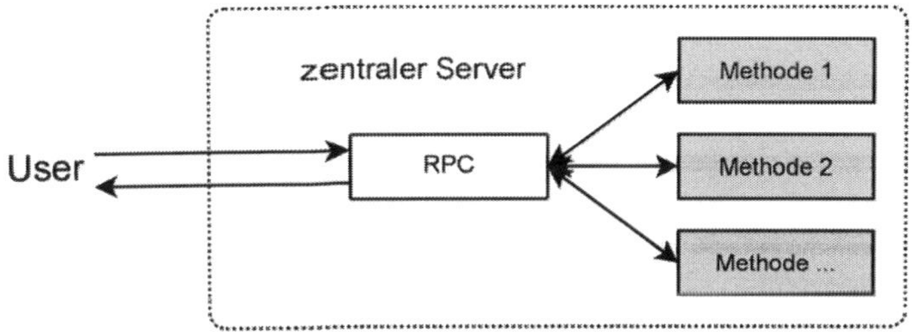

Abbildung 41: Remote Procedure Call

Eine Besonderheit stellt die Auswertung „HRV-Analyse“ dar. Aufgrund des Umfangs der auszuwertenden Daten sind online-Eingaben hier nicht möglich, es werden immer nur die aufgezeichneten Herzschlagintervalle aus einer bereits durchgeführten Untersuchung ausgewertet.

Es gibt prinzipiell zwei Methoden für das ferngesteuerte Ausführen von Prozeduren. Entweder wird die Prozedur direkt gestartet oder sie wird in eine Auftragsliste eingeordnet. Die Auftragsliste wird periodisch überprüft, und die am höchsten priorisierte Prozedur wird als nächstes bearbeitet.

Zur Abarbeitung von RPCs in medLims wurde nur die zweite Möglichkeit implementiert. Auf diese Weise können die begrenzten Ressourcen einfacher und komfortabler verwaltet werden.

Die Laufzeitumgebung für die Überprüfung der Auftragsliste und die Ausführung der Methoden wurde in LabView [161] erstellt. LabView ist für eine solche Aufgabe grundsätzlich geeignet und zum anderen war ein Teil der einzubindenden Auswertemethoden bereits als Einzelnutzerversion in dieser Programmiersprache vorhanden. Dadurch wurde der Gesamtaufwand minimiert. Eine periodisch ausgeführte Pollingroutine registriert neue RPCs und initiiert die Ausführung der jeweiligen Prozedur [131].

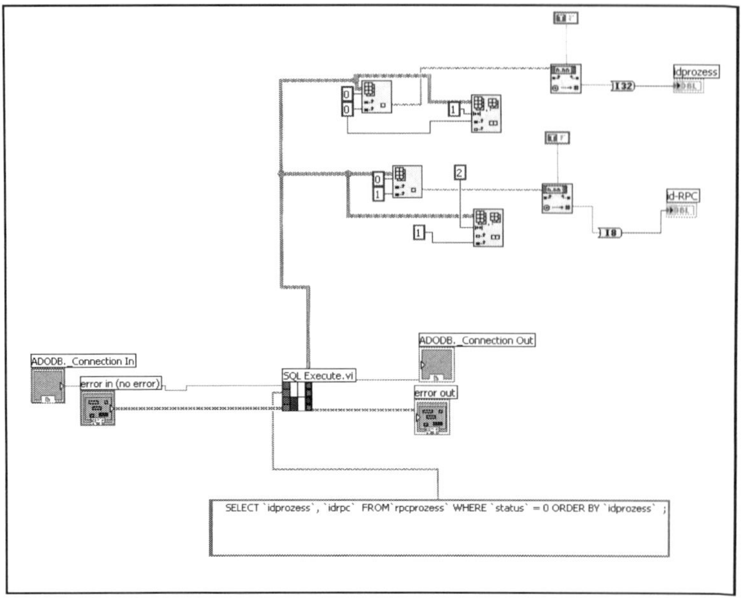

Abbildung 42: Pollingroutine RPC

Beispielhaft ist die Abarbeitung einer HRV-Analyse von Herzfrequenzdaten dargestellt. Die Messdaten werden aus der Datenbank gelesen, aufbereitet und gruppiert.

Anschließend wird die Funktion zur Berechnung der HRV-Parameter ausgeführt. Die Berechnungsvorschrift selbst, eine Wavelettransformation, ist in Matlab erstellt und als externe Funktion integriert. Die Ergebnisse und die Verweise auf die grafischen Frequenzspektren werden direkt in die Datenbank geschrieben. Die Bilddateien werden in versuchsspezifischen Unterordnern abgelegt.

```
function [] = perform_wavelet(file_name)
% This file takes a 3-minute long RR-intervals in msec as input and computes
% normalized VLF, LF, HF, and total power in (msec)^2
raw_series = textread(file_name);
%------ calculate the mean heart rate ------
HR = (length(raw_series))*(60000/(sum(raw_series)));
%-----------------------------------------
freq_scale = [0.0001:0.0001:0.5];
for k = 1:length(freq_scale),
    scale(k) = 1/freq_scale(length(freq_scale)-k+1);
end
%-------- perform resampling------------------------
[HRV,raw_HR_series_1]=berger(0.001*raw_series,1);
```

Abbildung 43: Auszug Wavelettransformation in Matlab

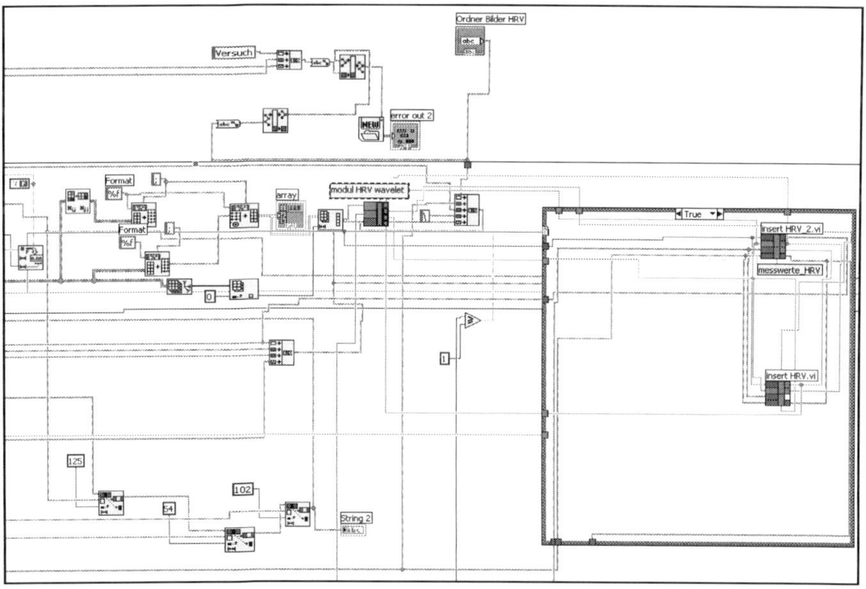

Abbildung 44: Ausschnitt aus HRV-Prozedur

Im Anschluss an eine erfolgreiche Abarbeitung wird ein entsprechender Eintrag in der Datenbank angelegt. Der Benutzer erhält eine Benachrichtigung und einen Verweis auf die Ergebnisdaten.

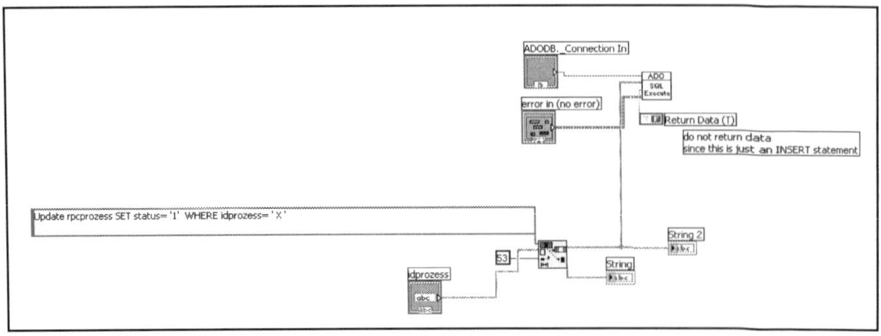

Abbildung 45: Quittierung eines abgearbeiteten RPCs

Periodisch werden aus der Auftragsliste „rpcprozess" neu auszuführende Methoden gelesen und das jeweilige LabView-Programm wird dann gestartet. Die Programme lesen die benötigten Daten aus der Tabelle „rpcprozessehabenparameter". Die berechneten Ergebniswerte werden in dieselbe Tabelle geschrieben. Dazu ist jeder Parameter in der Tabelle „rpcparameter" als Eingangs- oder Ausgangsgröße deklariert worden.

In der RPC-Verwaltung werden dem Anwender die durch ihn in Auftrag gegebenen Prozeduren angezeigt. Sobald eine abgearbeitet ist, wird eine Verknüpfung zu den Ergebnissen erstellt.

5.6.2. Fuzzy-Fitness-Schätzung

Die Auswertemethode „Fuzzy-Fitness-Schätzung" berücksichtigt die fettfreie Körpermasse und die absolute und relative maximale Sauerstoffaufnahme für die Bestimmung der kardiopulmonalen Leistungsfähigkeit auf einer Skala von 0 bis 1. Die Methode wurde basierend auf Testdaten von 110 Männern zwischen 22 und 29 Jahren entwickelt und anhand einer Kontrollgruppe (n=110, männlich, Alter:

21-29) verifiziert. Für die Bestimmung der Leistungsfähigkeit wurde ein Fuzzy-Modell erstellt. Die Zugehörigkeit der Eingangsparameter zu Mitgliedschaftsfunktionen wird numerisch erfasst und in acht Erfüllungsregeln zu einem einzelnen Wert der kardiopulmonalen Leistungsfähigkeit verrechnet [125].

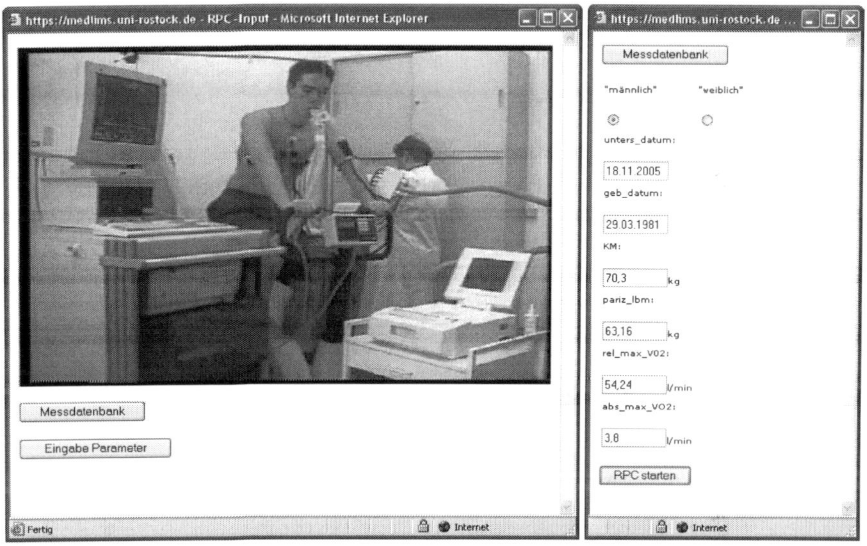

Abbildung 46: Eingabe und Start von Modul „Fuzzy"

Die als Einzelnutzerversion bereits vorhandene Methode wurde als RPC verfügbar gemacht. Dazu wurde sie um eine Online-Eingabemaske und die Möglichkeit, die Daten aus der zentralen Datenbank zu entnehmen, ergänzt.

Entweder kann der Nutzer die Daten für die fettfreie Körpermasse, die absolute und die relative Sauerstoffaufnahme direkt eingeben oder unter Angabe der Versuchsnummer aus der Messdatenbank laden. Eventuell fehlende Daten können online ergänzt bzw. fehlerhafte können korrigiert werden.

Obwohl die Methode derzeit nur für männliche Probanden zwischen 20 und 30 Jahren anwendbar ist, werden auch Geschlecht der Probanden, Untersuchungstermin und Geburtsdatum gespeichert. So ist es später möglich, nach Verifizierung anderer Populationen, die Auswertemethode zu erweitern.

Nach erfolgter Auswertung werden die Ergebniswerte in die Tabelle „rpcprozessehabenparameter“ geschrieben und die visuelle Ausgabe wird in einem diesem Prozess zugeordneten Verzeichnis gespeichert.

Der Anwender kann sich diese visuelle Darstellung anzeigen lassen und bei Bedarf die numerischen Ergebnisse einsehen. Es ist zusätzlich möglich die Eingangsdaten zu verändern und die Auswerteroutine mit den neuen Daten erneut auszuführen.

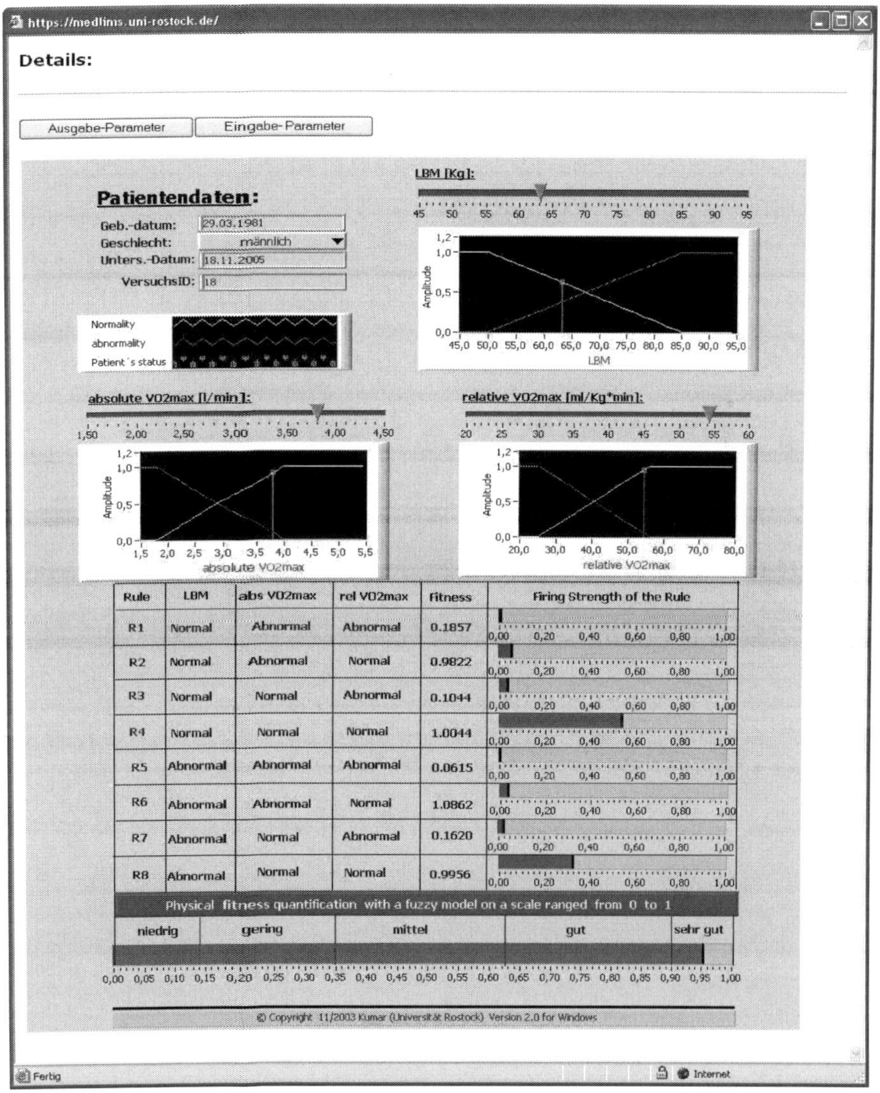

Abbildung 47: Ausgabe „Fuzzy“

5.6.3. Anthro

Die Auswertemethode „Anthro“ ermittelt unter anderem den Körperbautyp, verschiedene Schätzwerte des Körperfettanteils und eine Beurteilung des Ernährungszustandes. Eingangsgrößen sind anthropometrische Daten wie Größe, Gewicht sowie diverse Längen- und Breitenmaße und Hautfaltendicken an zwölf standardisierten Messstellen. Da die Berechnungen bzw. Tabellenwerte maßgeblich von Alter und Geschlecht des Probanden abhängen, müssen diese Parameter ebenfalls eingetragen werden. In einer Einzelplatznutzerversion diese Software war es bereits möglich, Daten direkt von den Messgeräten über eine Kabelverbindung zum Computer in die Software einzulesen [122].

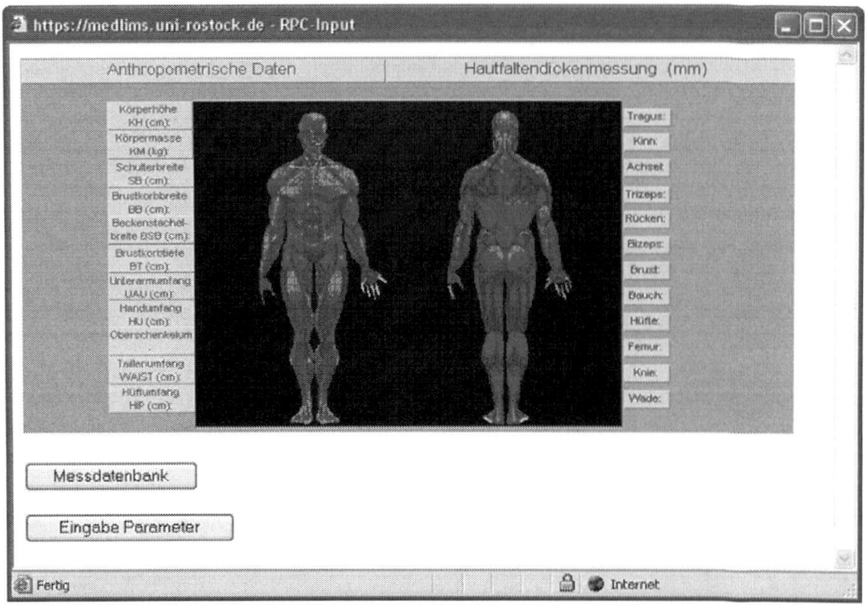

Abbildung 48: Auswahl manuelle Eingabe oder Daten aus Datenbank

Die Bedienung erfolgt jetzt ebenfalls über eine dynamische Webseite. Der Anwender kann die Daten entweder per Hand eingeben oder unter Angabe der Versuchsnummer aus einer bereits durchgeführten Untersuchung laden lassen. Vor Start der Auswertemethode können noch Änderungen oder Ergänzungen vorgenommen werden.

Der Aufruf des zugehörigen RPC und die Ergebnisausgabe erfolgen wie bei den bereits beschriebenen Methoden.

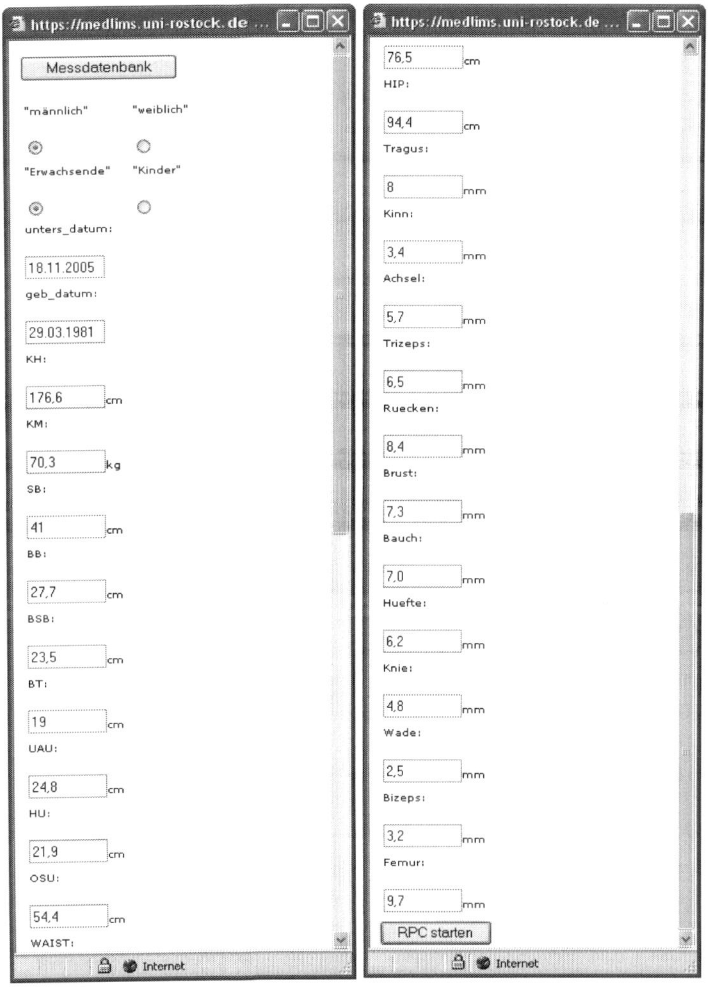

Abbildung 49: Manuelle Eingabe der Messdaten in „Anthro“

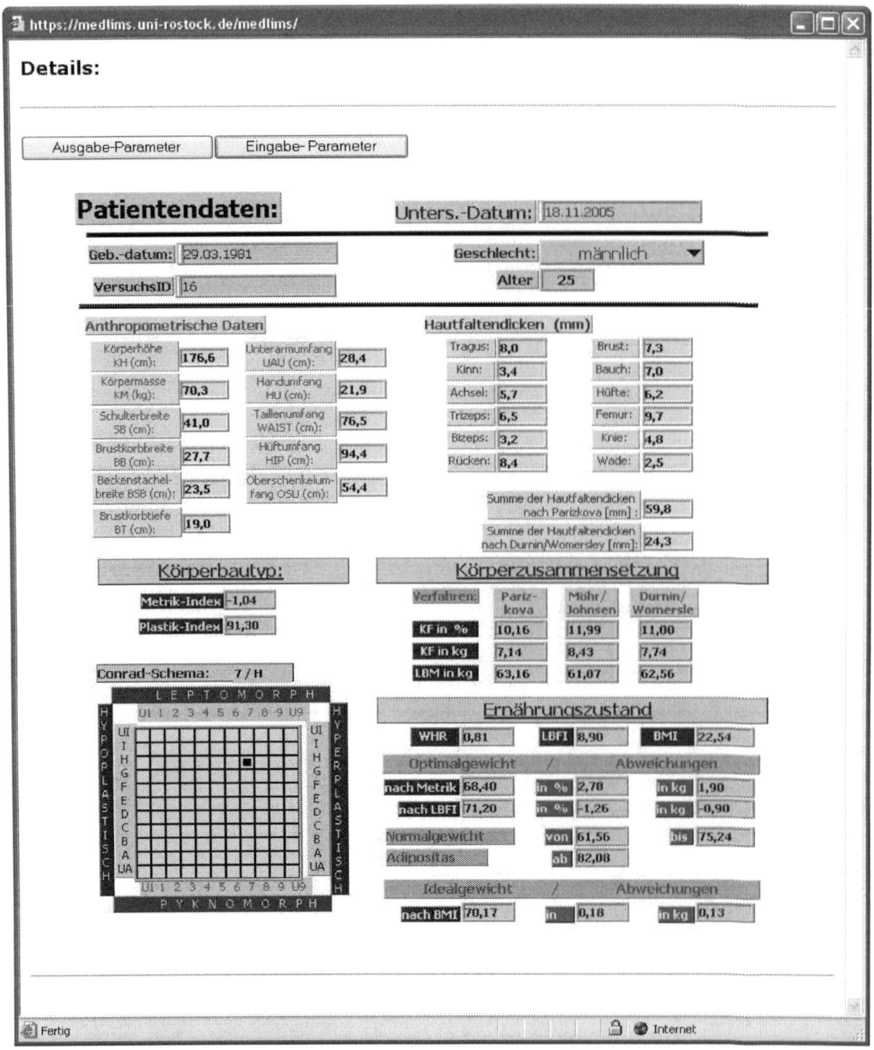

Abbildung 50: Grafische Ausgabe des Moduls „Anthro“

5.6.4. Astrand

Das Modul „Astrand“ berechnet näherungsweise den kardiopulmonal wichtigen Parameter der maximalen Sauerstoffaufnahme. Die aktuelle Herzfrequenz und die aktuelle Leistung oder die aktuelle

Sauerstoffaufnahme während einer submaximalen physischen Belastung werden zusammen mit dem Geschlecht und dem Alter als Eingangsgrößen benötigt [162].

Die Bedienung erfolgt ebenfalls über eine dynamische Webseite. Der Anwender gibt die benötigten Parameter ein und wählt aus, ob die aktuelle Leistung oder die aktuelle Sauerstoffaufnahme als Grundlage genommen werden soll. Der Aufruf des zugehörigen RPC und die Ergebnisausgabe erfolgen wie bereits beschrieben.

5.6.5. HRV-Analyse

Diese spezielle Methode wurde neu entwickelt. Unter Herzfrequenzvariabilität (HRV) werden Schwankungen der Herzfrequenz bei der Betrachtung der zeitlichen Abstände einzelner Herzschläge verstanden. Die hierfür erfassten Herzschlagintervalle werden von R-Zacke zu R-Zacke gemessen. Die HRV spiegelt die Fähigkeit des Herzens wider, auf unterschiedliche Belastungssituationen flexibel zu reagieren und die Abstände der Herzschläge hochdynamisch zu verändern. Wesentliche Einflussfaktoren sind kognitive und physische Aktivität, Atmung und Thermoregulation. So können mentale Beanspruchungen über eine Reduzierung der HRV erfasst werden [163].

Die verschiedenen Parameter der HRV können über verschiedene Analysen im Zeit-, Frequenz- und Phasenbereich aus den Herzschlagintervallen ermittelt werden. Besonders aussagekräftig bezüglich der Beanspruchung sind die Parameter aus der Frequenzanalyse. Die Frequenzanalyse benötigt als Eingang eine Zeitreihe mit äquidistanten Zeitabständen. Da die Herzschlagintervalle in der Regel unterschiedlich sind, wird über eine Interpolation eine Zeitreihe mit äquidistanten Stützstellen gebildet. Auf diese können dann verschiedene Transformationsverfahren zur Berechnung der im Signal enthaltenen Frequenzen angewendet werden. Die Einteilung der Frequenzen, in meist drei Frequenzbänder, macht eine Zuordnung zu unterschiedlichen Beanspruchungen möglich. So wird eine Unterdrückung des LF-Bandes (low frequency 0,04-0,15 Hz) bei psychischen Belastungen beobachtet [164], [165]. Zur Ermittlung der Frequenzen wird häufig die DFT (discrete fourier transform – diskrete Fouriertransformation) eingesetzt. Bessere Ergebnisse verspricht eine CWT (continous wavelet transform – kontinuierliche Wavelet-transformation) [119]. Deshalb wurde diese Analysemethode der Herzschlagintervalle für die Auswertung von Untersuchungen implementiert.

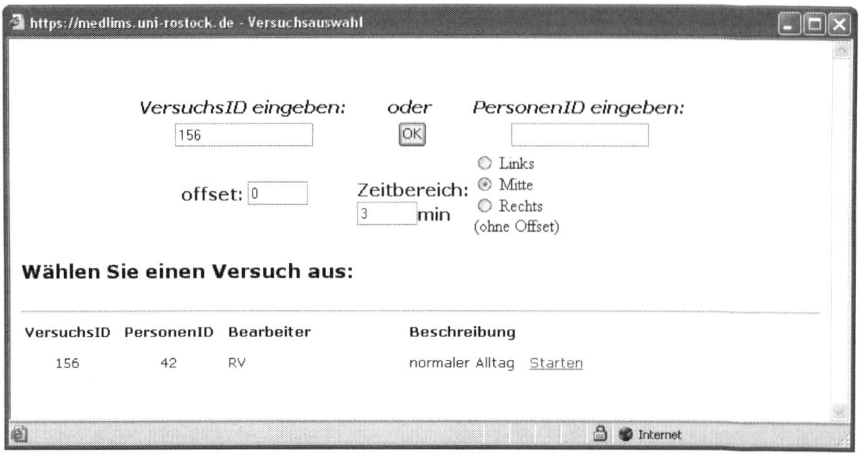

Abbildung 51: Start der Wavelet-Transformation zur Auswertung der HRV

Die HRV-Analyse ist nur für eine große Anzahl von Messwerten einsetzbar, deshalb ist eine manuelle Eingabe der Messdaten nicht vorgesehen.

Aufgrund der großen Datenmenge werden anders als bei den anderen Methoden in die Tabelle „rpcprozessehabenparameter" nur Einträge zur Versuchsnummer und dem Offset und der Lage der zu analysierenden Bereiche vorgenommen. In die Tabelle „messwerte_filter“ in der Datenbank „chronometrage“ werden die einzelnen Tätigkeitsabschnitte mit Anzahl und Länge der zu analysierenden Herzschlagintervallbereiche eingetragen.

Die Methode „HRV-Analyse“ wird unter Angabe einer VersuchsID und der Länge der zu untersuchenden Zeitabschnitte (z.B. drei Minuten) gestartet. Diese Abschnitte werden auf Anfang, Mitte oder Ende der Bereiche gleicher Tätigkeit synchronisiert. Ein Offset (in Sekunden) ermöglicht die Verschiebung dieses Triggerpunktes.

Für jeden analysierten Zeitbereich werden die normalisierten Werte für drei Frequenzbänder, die Gesamtleistung der HRV und die durchschnittliche Herzfrequenz errechnet. Diese Daten werden in die Messdatentabelle „messwerte“ eingetragen, um die gemeinsame Darstellung mit den erhobenen Messwerten und eine gemeinsame statistische Auswertung zu erleichtern.

Nach durchgeführter Berechnung können die Ergebnisse vom Anwender für jeden Tätigkeitsabschnitt getrennt ausgewählt werden. Nach Auswahl eines Bereichs werden die Einzelwerte und die visualisierten Spektren für jedes Zeitintervall ausgegeben. Die visuelle Darstellung der Frequenzspektren ermöglicht eine umfassendere Analyse der HRV für Experten.

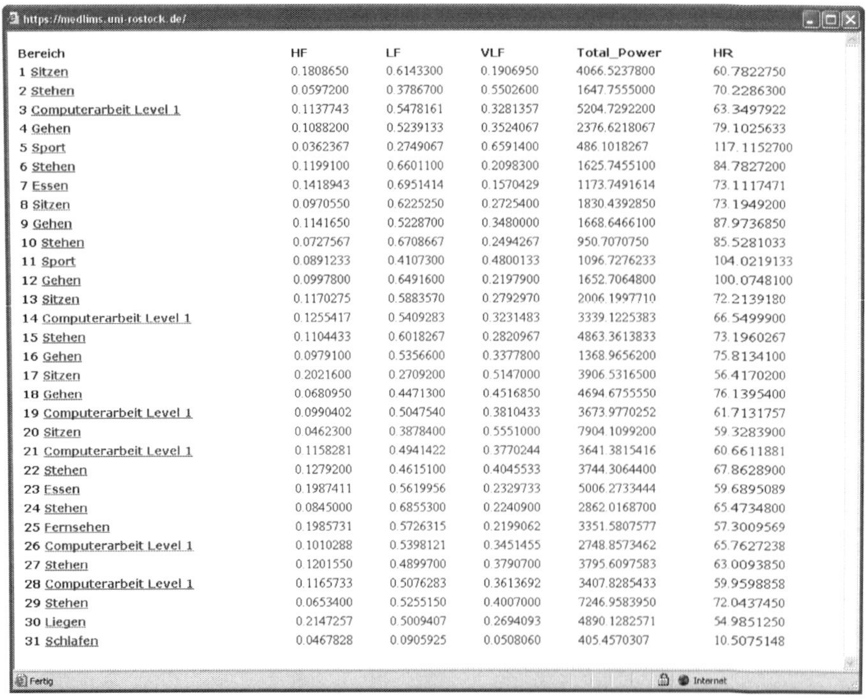

Bereich	HF	LF	VLF	Total_Power	HR
1 Sitzen	0.1808650	0.6143300	0.1906950	4066.5237800	60.7822750
2 Stehen	0.0597200	0.3786700	0.5502600	1647.7555000	70.2286300
3 Computerarbeit Level 1	0.1137743	0.5478161	0.3281357	5204.7292200	63.3497922
4 Gehen	0.1088200	0.5239133	0.3524067	2376.6218067	79.1025633
5 Sport	0.0362367	0.2749067	0.6591400	486.1018267	117.1152700
6 Stehen	0.1199100	0.6601100	0.2098300	1625.7455100	84.7827200
7 Essen	0.1418943	0.6951414	0.1570429	1173.7491614	73.1117471
8 Sitzen	0.0970550	0.6225250	0.2725400	1830.4392850	73.1949200
9 Gehen	0.1141650	0.5228700	0.3480000	1668.6466100	87.9736850
10 Stehen	0.0727567	0.6708667	0.2494267	950.7070750	85.5281033
11 Sport	0.0891233	0.4107300	0.4800133	1096.7276233	104.0219133
12 Gehen	0.0997800	0.6491600	0.2197900	1652.7064800	100.0748100
13 Sitzen	0.1170275	0.5883570	0.2792970	2006.1997710	72.2139180
14 Computerarbeit Level 1	0.1255417	0.5409283	0.3231483	3339.1225383	66.5499900
15 Stehen	0.1104433	0.6018267	0.2820967	4863.3613833	73.1960267
16 Gehen	0.0979100	0.5356600	0.3377800	1368.9656200	75.8134100
17 Sitzen	0.2021600	0.2709200	0.5147000	3906.5316500	56.4170200
18 Gehen	0.0680950	0.4471300	0.4516850	4694.6755550	76.1395400
19 Computerarbeit Level 1	0.0990402	0.5047540	0.3810433	3673.9770252	61.7131757
20 Sitzen	0.0462300	0.3878400	0.5551000	7904.1099200	59.3283900
21 Computerarbeit Level 1	0.1158281	0.4941422	0.3770244	3641.3815416	60.6611881
22 Stehen	0.1279200	0.4615100	0.4045533	3744.3064400	67.8628900
23 Essen	0.1987411	0.5619956	0.2329733	5006.2733444	59.6895089
24 Stehen	0.0845000	0.6855300	0.2240900	2862.0168700	65.4734800
25 Fernsehen	0.1985731	0.5726315	0.2199062	3351.5807577	57.3009569
26 Computerarbeit Level 1	0.1010288	0.5398121	0.3451455	2748.8573462	65.7627238
27 Stehen	0.1201550	0.4899700	0.3790700	3795.6097583	63.0093850
28 Computerarbeit Level 1	0.1165733	0.5076283	0.3613692	3407.8285433	59.9598858
29 Stehen	0.0653400	0.5255150	0.4007000	7246.9583950	72.0437450
30 Liegen	0.2147257	0.5009407	0.2694093	4890.1282571	54.9851250
31 Schlafen	0.0467828	0.0905925	0.0508060	405.4570307	10.5075148

Abbildung 52: Übersicht durchschnittliche Ergebnisse der HRV-Parameter

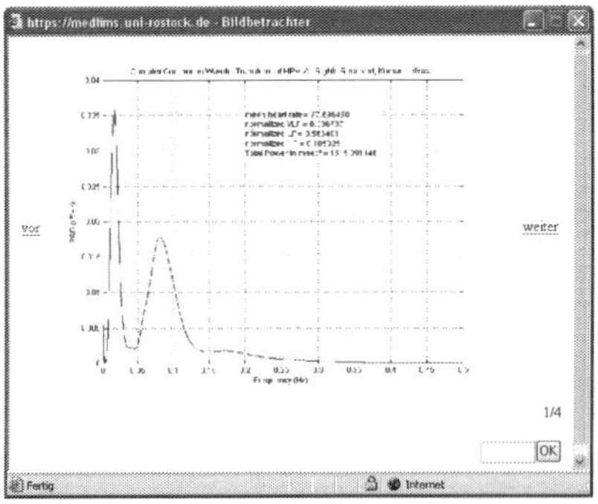

Abbildung 53: Darstellung der Spektralverteilung für ausgewählten Bereich

5.7. Strukturierte Ausgabe

In der Datenbank werden die Messwerte von verschiedenen Datenquellen gespeichert. Messzeiten und Messintervalle unterscheiden sich dabei erheblich. Bei einigen Messgrößen variieren auch die Intervalle (z.B. Herzschlagintervalle oder Atemgasparameter). Eine direkte Zuordnung der Messwerte von verschiedenen Messgrößen zueinander ist deshalb nicht möglich.
Für eine statistische Analyse müssen jedoch Wertepaare gebildet werden. Dabei werden den Messwerten einer festzulegenden Bezugsgröße Messwerte der anderen Messgrößen zugeordnet. In der arbeitsphysiologischen Forschung ist es üblich, quasistationäre Bereiche festzulegen, die je nach Volatilität der Messgröße variieren können. In diesen Bereichen werden dann Mittelwerte der Messgrößen als repräsentativ angesehen. Durch die Beschränkung auf quasistationäre Bereiche erfolgt die Synchronisation der Messwerte unterschiedlicher Messgrößen.

Die Bedienung der strukturierten Datenausgabe für eine statistische Analyse erfolgt über dynamische Webseiten. Der Anwender wählt die Art der Zusammenstellung, bisher wurden zwei verschiedene implementiert.

Die erste wird als unabhängige Zuordnung bezeichnet. Bei dieser Ausgabe werden die Daten für jede Tätigkeit gemittelt, d.h. die Bereiche sind variabel und mit den protokollierten Tätigkeiten identisch. Die verschiedenen Versuche lassen sich Gruppen zuordnen. Diese werden den Datensätzen als zusätzlicher Parameter beigefügt und können in der statistischen Auswertung berücksichtigt werden. Diese Ausgabeform wurde erstellt, um potentielle

Unterschiede von Messgrößen bei verschiedenen Populationen und gleicher Versuchsdurchführung zu erfassen.

$$\bar{x} = \frac{\sum_{i=n_{Start}}^{n_{Ende}} x_i}{n_{Ende} - n_{Start}}$$

Formel 12: Mittelwertberechnung - unabhängig

Die zweite Zuordnung wird als abhängig bezeichnet. Die Messwerte werden über zuvor festgelegte Zeitintervalle gemittelt. So können der Vergleich und die Korrelationsanalyse von verschiedenen Messgrößen bei bestimmten Untersuchungsvoraussetzungen erfolgen (z.B. Änderung der Belastung). Die Bereiche können bei Bedarf auf eine Bezugsgröße wie die Tätigkeit getriggert werden. So wird vermieden, dass die als stationär angesehenen Bereiche Daten aus mehreren Tätigkeiten umfassen und so Fehlerinterpretationen verursachen.

$$\bar{x} = \frac{\sum_{i=n_{Start}}^{n_{Ende}} x_i \times (t_{i+1} - t_i)}{t_{Ende} - t_{Start}}$$

Formel 13: Mittelwertberechnung - abhängig

Der Anwender legt den Namen der strukturierten Ausgabe fest. Anschließend wählt er die zu analysierenden Untersuchungen anhand der VersuchsID aus. Soll eine unabhängige Zuordnung erfolgen, werden die Versuche einer zuvor festgelegten Gruppe (Teilpopulation) zugeordnet. Anschließend werden die auszugebenden Messgrößen ausgewählt, wobei nur Messgrößen gewählt werden können, die in allen Untersuchungen erhoben worden sind. Die Bezugsgröße bestimmt die Anlage der variablen Bereiche bzw. die Triggerung der festen Bereiche. Der Bereich zwischen zwei Änderungen der Bezugsgröße markiert einen stationären Zeitbereich. Für die abhängige Zuordnung werden noch die Intervalllänge (z.B. drei Minuten) sowie ein eventueller Offset angegeben. Die Art der Einordnung der festen Intervalle in stationäre Bereiche kann auf den Anfang, das Ende oder die Mitte festgelegt werden. Alle Daten werden in die Tabellen „statistikprozess", „statistikprozessehabenstatistikgruppen", „statistikprozessehabenversuche" und „statistikprozessehabenmessgroessen" gespeichert. Im Anschluss werden die Zuordnung und eventuell dafür benötigte Berechnungen gestartet.

Alle benötigten Messwerte werden aus der Messdatenbank „chronometrage" ausgelesen. Die Zeitbereiche werden anhand der Bezugsgröße und der festen Zeitintervalle berechnet. Die anderen Messgrößen werden für diese Zeitbereiche arithmetisch gemittelt. Die berechneten Metadaten werden je nach Zuordnungsart in die Tabellen „statistikdaten_versuchsreihe_gepaart" und „statistikdaten_versuchsreihe_ungepaart" gespeichert. Für die Zuordnung wird in jedem Datensatz die Identifikationsnummer des zugrunde liegenden Versuchs festgehalten. Die eigentlichen Daten sind dann Messgröße und Bezugsgröße und deren Werte. Nach Abschluss der Berechnungen wird der Anwender informiert und kann ein Output-File anfordern.

Das Programm zur Outputerzeugung liest alle zugehörigen Daten einer strukturierten Ausgabe aus der jeweiligen Tabelle aus. Bei den unabhängigen oder ungepaarten Zuordnungen werden alle Messgrößen eines Versuchs und gleicher Zeit in eine Zeile eingeordnet. Bei den abhängigen oder gepaarten Versuchsreihen legt der Eintrag „Reihe" fest, in welche Zeile die Daten eingetragen werden müssen. Die Ausgabedatei ist textbasiert. Die Datensätze werden in

Zeilen ausgegeben. Ein Tabellenkopf führt die Bezeichnungen der Messgrößen. Alle Einzeldaten sind durch Tabulatoren getrennt. Dieses Format kann direkt in SPSS oder SAS eingelesen und statistisch analysiert werden.

5.8. Anwendung in der Praxis

Das Gesamtsystem wurde bereits für die Registrierung, Aufzeichnung und Speicherung von über 450 Untersuchungen angewendet. Es wurden mehr als 120 verschiedene Probanden untersucht. Je nach Profil der Versuche wurden dabei verschiedene physiologische Messgrößen wie Herzfrequenz, Blutdruck, Atemgasparameter oder Herzschlagintervalle erfasst. Bei den meisten Untersuchungen wurden Tätigkeitsprofile durch die Probanden selbst aufgezeichnet [166], [167].

5.8.1. Untersuchung der psychischen Belastung und Beanspruchung bei Zahnmedizinstudenten

Im Rahmen eines gegenwärtig am Institut für Präventivmedizin durchgeführten Forschungsvorhabens werden die Beanspruchungsreaktionen von Zahnmedizinstudenten in der praktischen Ausbildung auf die psychische Belastung durch diese untersucht.

Die Erfassung der Belastungssituationen erfolgte über das mobilfunktelefongestützte Protokollierungssystem. Es wurden hierfür die spezifischen Belastungen zusammengestellt und in das System integriert. Ergänzend werden Fragebögen wie der NASA-TLX oder selbst entwickelte Fragebögen erhoben. Für eine Objektivierung der Beanspruchungsreaktionen werden die physiologischen Parameter

Herzschlagfrequenz, Herzfrequenzvariabilität und Blutdruck erhoben. Die Daten werden in dem vorgestellten Gesamtsystem erfasst und gespeichert. Für die Auswertung werden die grafische Visualisierung, die HRV-Analyse und die statistische Datenaufbereitung verwendet.

Die Ergebnisse der Voruntersuchungen bestätigen den Nutzen und die Anwendbarkeit des Systems für die durchzuführende arbeitsphysiologische Untersuchung.

5.8.2. Untersuchung physiologischer Parameter während Langzeitfelduntersuchungen von gesunden Männern im Studienalltag

Am Institut für Präventivmedizin wurde eine Hausarbeit im Rahmen der Ersten Staatsprüfung für das Lehramt an Gymnasien mit dem Forschungsthema „Untersuchung physiologischer Parameter während Langzeitfelduntersuchungen von gesunden Männern im Studienalltag" durchgeführt [168]. In dieser exemplarischen Studie wurden die Belastungen des Studentenalltags und die mentalen und physischen Beanspruchungsreaktionen von zehn Probanden an jeweils zwei Tagen untersucht. Gleichzeitig sollte die Tauglichkeit des Datenerfassungs- und Verarbeitungssystems zur Aufzeichnung und Auswertung von psychophysiologischen Daten im Alltag überprüft werden.

Es wurden die Herzschlagintervalle für eine Analyse der Herzfrequenz und der HRV mit Herzfrequenzmonitoren *Suunto T6* aufgezeichnet. Die Registrierung der Belastungen erfolgte über die Aufzeichnung der Tätigkeiten mit dem mobilfunktelefongestützten Selbstprotokollierungssystem. Während der Protokollierung wurden der KAB [13] und zusätzlich weitere Fragebögen, unter anderem zur Untersuchungsmethodik, erhoben. Für die Auswertung der HRV wurden die Datensätze über die systemintegrierte Wavelet-Transformation analysiert. Die Zusammenstellung der Daten für die statistische Auswertung erfolgte über die systemintegrierte Datenaufbereitung und -ausgabe. Die zeitliche Synchronisation der Messwerte unterschiedlicher Messgrößen erfolgte über die Festlegung quasistationärer Bereiche (hier 3 min).

Die physiologischen Daten wurden über verschiedene Tätigkeiten gemittelt und verglichen. Der Vergleich von Schlaf- und Wachphasen erbrachte eine leicht verringerte Herzschlagfrequenz. Die Parameter der Herzfrequenzvariabilität ergaben einen starken Anstieg im hohen Frequenzbereich um 66% beim Schlafen. Das veränderte Verhältnis LF/HF zeigt die verstärkte parasympathische Dominanz im Schlaf gegenüber dem ruhigen Wachzustand an, vgl. Abbildung 54.

	Kategorie_ID	N	Mittelwert	Standardabweichung	Standardfehler des Mittelwertes
HF%	5	159	,3220	,19025	,01509
	6	1446	,5356	,44363	,01167
LF%	5	159	1,0544	,28706	,02277
	6	1446	,9540	,36224	,00953
VLF%	5	159	,9269	,38912	,03086
	6	1446	,7465	,43063	,01132
TP%	5	159	9420,1106	7074,30646	561,02900
	6	1446	8968,7454	8091,30134	212,78168
HR_HRV%	5	159	130,9131	18,64457	1,47861
	6	1446	119,5186	15,35645	,40384
LF/HF	5	159	4,7499	3,44561	,27325
	6	1446	3,7298	3,66403	,09636

Abbildung 54: Mittelwerte der normalisierten HRV-Parameter (Liegen = 5; Schlafen = 6) [168]

Über die Auswertung der Kurzfragebögen zur aktuellen Beanspruchung wurde die subjektiv empfundene Beanspruchung bezüglich der unterschiedlichen Tätigkeiten erfasst. Trotz des relativ kleinen Probandenkollektivs konnten signifikante Unterschiede zwischen einzelnen Tätigkeiten ausgemacht und eine Rangfolge anhand der subjektiven Beanspruchung erstellt werden. Auch die Parameter der HRV und die Herzschlagfrequenz weisen signifikante Unterschiede während verschiedener Tätigkeitskategorien auf. Die Reproduzierbarkeit der physiologischen Messgrößen und der subjektiven Beanspruchung konnte durch einen Vergleich der jeweils zwei Untersuchungstage pro Proband gezeigt werden.

Die Untersuchung der Methodik des verwandten Systems stellte eines der Hauptziele der Untersuchungsreihe dar. Nach Angaben der Probanden wurde die Studie vorwiegend als interessant beurteilt. Der Untersuchungszeitraum wurde als repräsentativ eingeschätzt; 78% der Probanden teilten diese Ansicht, vgl. Abbildung 55. Die Messung der Herzschlagfrequenz mit Hilfe eines Brustgurts wurde als beeinträchtigend während der Nachtphase empfunden, vereinzelt kam es aufgrund der Messmethode zu Messfehlern bzw. Aufzeichnungsunterbrechungen. Die Angaben bezüglich der Häufigkeit der Erhebung des KAB (automatisch bei jeder Änderung der Tätigkeit) lassen keine klare Tendenz erkennen. Die Selbstprotokollierung führte erwartungsgemäß zu einer erhöhten Selbstbeobachtung bei subjektiv unbeeinflusstem Verhalten.

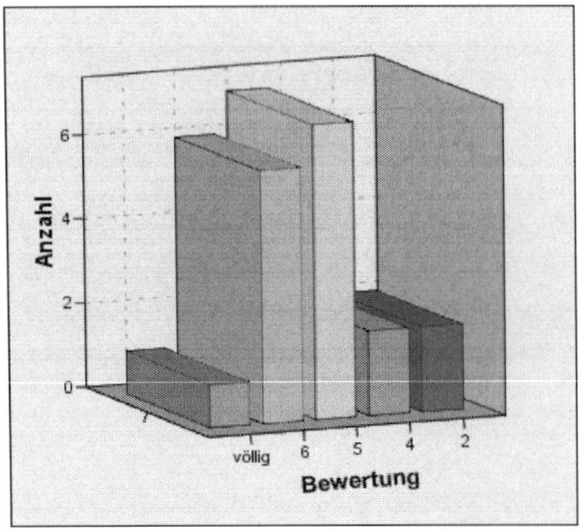

Abbildung 55: Häufigkeitsverteilung der Antworten auf die Frage: Waren die vergangenen 24 Stunden repräsentativ für Sie? [168]

Zusammenfassend werden das verwendete System und das Untersuchungsinventar als gut geeignet für Langzeituntersuchungen unter Feldbedingungen eingeschätzt. Die Probandenrückmeldungen zeigen gute Anwendbarkeit und geringe Reaktivität. Insbesondere die integrierte Datenanalyse und Datenaufbereitung wurden als sehr positiv eingeschätzt.

5.8.3. Untersuchung von manuellen, teilautomatisierten und automatisierten Laborarbeitsplätzen in der Biochemie

In dem vom Land Mecklenburg-Vorpommern geförderten Forschungsprogramm „Physioergonomisch optimierte Mensch-Maschine-Interfaces und Datenschnittstellen in der Life Science Automation (PEO)“ wurden die physischen und die kognitiven Belastungen und Beanspruchungen von Probanden während manueller, teil- und vollautomatisierter Life Science Prozesse untersucht [169].

Die untersuchten Prozesse ließen aufgrund der überwiegend überwachenden und kontrollierenden Tätigkeiten und den damit verbundenen Informationsverarbeitungsprozessen eine erhöhte psychische Belastung erwarten. Im Sinne des Belastungs-Beanspruchungskonzeptes sollten Arbeitsaufgabe und -umfeld durch Messungen und Analysen arbeitswissenschaftlich gestaltbar sein. In den physioergonomischen Untersuchungen sollten zuverlässig die Belastungssituationen und die Beanspruchungsreaktionen registriert werden.

Die Belastungssituationen wurden dabei über eine Selbstprotokollierung aufgezeichnet. Die Protokollierung wurde mit dem System aus Mobilfunktelefon und entsprechender Software durchgeführt. Es wurden nach Arbeitsaufgabenanalysen spezielle Tätigkeitsprofile und kategorische Listen erstellt. Zusätzlich wurde mit dem System auch der Kurzfrageboden zur aktuellen Beanspruchung bei relevanten Tätigkeitsänderungen erhoben. Update und Datenübertragung der Untersuchungen wurdem systemgemäß über eine funkgestützte Internetverbindung vorgenommen.

Die Beanspruchungsreaktionen wurden über die physiologischen Parameter Blutdruck und Herzschlagintervalle überwacht. Zusätzlich wurden vor und nach bestimmten Arbeitsaufgaben auch Speichelproben für eine Bestimmung der Cortisol- und Amylasewerte genommen.

Die Erhebung des Nasa-TLX und die Ergänzung einer qualitativen Bewertung der Arbeitserfüllung durch einen Experten ergänzen die Untersuchungsdaten. Diese Daten wurden zum Teil über Webinterfaces zu den bereits in der Datenbank abgelegten Daten hinzugefügt. Die Datenverwaltung erfolgte versuchszugeordnet in der zentralen Datenbank.

Die integrierte Visualisierungsfunktion wurde für eine erste Evaluierung der Daten und die Überprüfung der Vollständigkeit und Plausibilität genutzt.

Die Datenverdichtung konzentriert sich auf das automatische Berechnen des KAB-Wertes und die Analyse der Herzschlagintervalle. Es wurde die bereits in das System integrierte kontinuierliche Wavelettransformation (CWT) angewendet, um die Kennparameter HF (high frequency), LF (low frequency) und VLF (very low frequency) zu berechnen. Zusätzlich wurde die Herzschlagfrequenz ermittelt.

Die statistische Datenaufbereitung wurde ebenfalls mit Hilfe des datenbankgestützten Systems über Webschnittstellen vorgenommen. Die Daten wurden dabei zugeordnet zu Versuch und Tätigkeitssituation in Abschnitte zu je drei Minuten eingeteilt und ausgegeben. Die Synchronisation der unterschiedlichen Parameter erfolgt dabei automatisch. Die eigentliche statistische Analyse wurde in SPSS durchgeführt.

Es wurden signifikante Unterschiede der Herzschlagfrequenz zwischen manuellen und automatisierten Tätigkeiten gefunden. Ungewohnte oder neue Tätigkeiten gingen in der Regel mit einer Sympathikuserhöhung (Parameter LF der Herzfrequenzvariabilität) einher. Die subjektive Komponente der KAB-Werte ließ eine Unterscheidung der unterschiedlich automatisierten Tätigkeiten zu. Zusammenfassend zeigen die Ergebnisse dieser Forschungsstudie, dass das mobile Monitoring-System geeignet ist, Beanspruchungen bei Tätigkeiten unterschiedlichen Automatisierungsgrades nachzuweisen.

6. Zusammenfassung und Ausblick

Das automatisierungstechnisch konzipierte und realisierte System medLIMS führt zu einer erheblichen Verbesserung in der Versuchsdurchführung und -auswertung in der arbeitsphysiologischen Forschung und Diagnose. Es stellt einheitliche Strukturen für die Datenerfassung, deren Verwaltung und Methoden zur Auswertung und Analyse zur Verfügung. Die modulare Systemstruktur trennt Datenerfassung, -speicherung und -auswertung voneinander und ermöglicht so eine gezielte Erweiterung des Systems um neue Funktionalitäten.

Kern des Systems ist die einheitliche Datenverwaltung auf einem zentralen Server. Außerdem werden spezielle Auswerteroutinen und ein Datenexport zentral bereitgestellt. Der Zugriff durch die Nutzer erfolgt durch eine dreistufige Zugriffssteuerung. Datenerfassung und Auswertung stehen über Remoteprocessing auf dem zentralen Server zur Verfügung und können über einheitliche Nutzerinterfaces bedient werden. Die Kommunikation mit dem Server erfolgt über Standardschnittstellen (Webbrowser) über das Internet. Durch diese Zentralisierung der wichtigsten Funktionen des Gesamtsystems werden die Nutzer von Routineaufgaben wie Überwachung der Datenspeicherung, Zugriffsberechtigungen und das Bereitstellen von Ressourcen weitgehend befreit. Die Sicherheit der medizinischen Daten wird durch eine anonymisierte Datenhaltung und sichere Datenübertragungsmethoden gewährleistet.

Datenerfassung und -auswertung sind programmtechnisch und logisch getrennt und können relativ unabhängig voneinander erfolgen. Dadurch wird eine Arbeitsteilung, soweit versuchsbedingt sinnvoll, erleichtert. Die arbeitsmedizinischen Experten können sich auf

Versuchsplanung und -auswertung konzentrieren, während das medizinisch-technische Personal vorrangig für die Datenakquisition zuständig ist.

Das Multi-User-Konzept ermöglicht den zeitgleichen Zugriff mehrerer Nutzer auf Datenerfassung und -auswertung. Dadurch wird eine Zusammenarbeit räumlich getrennter Teams unterstützt.

Das standardisierte Datenformat in der Datenbank erlaubt das Verwalten physiologischer Parameter und weiterer in der arbeitsmedizinischen Versuchsdurchführung benötigter Daten. Die jeweiligen proprietären Datenformate der verschiedenen Hersteller medizinischer Messgeräte werden dabei ersetzt. Kombinierte Auswertemethoden unter Nutzung von Parametern sehr verschiedenartiger Geräte sind so deutlich einfacher durchführbar.

Zur Erfassung von Arbeitsabschnitten, Tätigkeiten und Fragebögen wurde das vorhandene Protokollierungssystem auf Basis eines Mobilfunktelefons weiter entwickelt. Die Implementierung neuer Tätigkeitslisten und Fragebögen wird durch eine update-Funktion unterstützt. Die Anbindung an die Datenbank erfolgt über TCP/IP über GSM/GPRS.

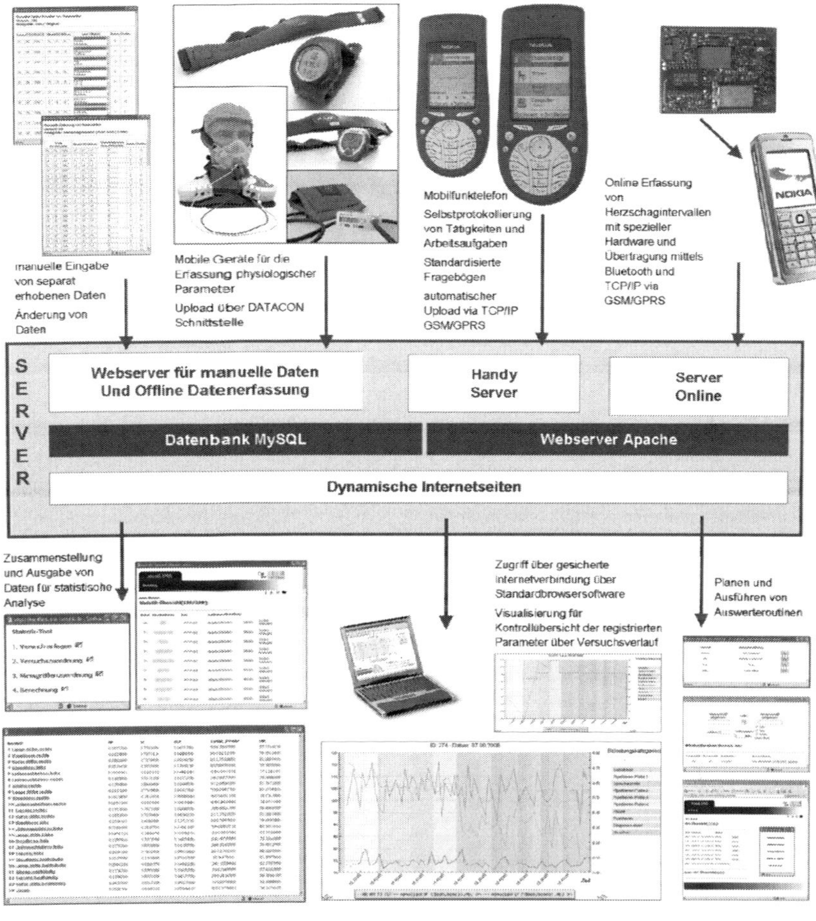

Abbildung 56: Übersicht Gesamtsystem

Für die offline-Erfassung physiologischer Daten kommerziell verfügbarer Messgeräte verschiedener Hersteller (Herzfrequenz, EKG, Blutdruck, Atemgasparameter) wurden modulare Upload-Funktionen erstellt. Bei Notwendigkeit können weitere Messgeräte sehr einfach einbezogen werden. Die Bedienung erfolgt über einheitlich gestaltete dynamische Webseiten, die vom zentralen Server zur Verfügung gestellt werden. Der Nutzer muss neben der Zugriffsberechtigung lediglich über eine Netzwerkverbindung und einen Standardbrowser verfügen.

Um eine Datenauswertung in Echtzeit oder sehr zeitnah durchführen zu können und so eine aktive Einflussnahme auf die Versuchdurchführung zu ermöglichen oder eine Online-Diagnose zu erstellen, wurde eine Echtzeitdatenerfassung implementiert. Für die Erfassung von Herzschlagintervallen durch zwei verschiedene Geräte wurde das beispielhaft gelöst. Die gerätespezifischen Datenschnittstellen wurden dazu auf Standardschnittstellen (TCP/IP über GSM/GPRS bzw. Internet) umgesetzt. Die Einbeziehung weiterer Parameter bzw. Geräte kann mit wenigen Modifikationen ergänzt werden.

Um einen einfachen Überblick über den Versuchsablauf und alle aufgenommenen Parameter zu ermöglichen, wurde eine Visualisierungsfunktion in das System implementiert. Sie berücksichtigt dabei für die grafische Darstellung Besonderheiten arbeitsphysiologischer Untersuchungen. Parameter und Skalierung sind frei wählbar. Auch diese Funktion wird vom zentralen Server über dynamische Webseiten bereitgestellt, so dass der Nutzer nur über ein Standardinterface verfügen muss und keine sensiblen Daten aus der Datenbank übermittelt werden müssen.

Das gleiche Prinzip wird bei den speziell implementierten Auswerteroutinen wie z.B. die Herzfrequenzvariabilitätsanalyse mittels Wavelet-Transformation angewendet. Weil die Auswertealgorithmen nur auf dem zentralen Server ausgeführt werden, sind sie vor unbefugtem Zugriff gesichert und können trotzdem durch autorisierte Dritte angewendet werden. Weitere Methoden können unter Nutzung der Struktur der erstellten dynamischen Webseiten zugänglich gemacht werden. Es wurden die wichtigsten der am Institut für Präventivmedizin entwickelten Methoden bereits implementiert.

Um die gewonnenen und einheitlich gespeicherten Versuchdaten von Untersuchungsreihen für eine statistische Auswertung mit Standardsoftware nutzen zu können, wurde ein zentrales Datenaufbereitungs- und -ausgabemodul implementiert. Die Auswahl der Daten kann dabei nach verschiedenen Kriterien flexibel erfolgen. Der Nutzer kann auch hierbei nicht direkt auf die Daten zugreifen; sondern die Daten werden über dynamische Webseiten bereitgestellt.

Die Praxistauglichkeit des Gesamtsystems wurde bereits in mehreren Untersuchungsreihen und Forschungsprojekten bestätigt.

Zukünftig sollten weitere Geräte und Erfassungssysteme je nach Anforderung durch die arbeitsphysiologischen Untersuchungen in das System integriert werden. Die Echtzeitdatenerfassung sollte für den Parameter Herzschlagfrequenz von den Prototypen zu einem miniaturisierten Serienprodukt überführt und für weitere Parameter ergänzt werden. Die Echtzeitauswertung der Daten muss weiterführende Methoden zur Analyse des aktuellen Beanspruchungszustandes beinhalten. Das jetzige und zukünftige Gesamtsystem muss anhand weiterer Felduntersuchungen validiert werden.

Literaturverzeichnis

1 DIN EN ISO 10075-2 (2000): *„Ergonomische Grundlagen bezüglich psychischer Arbeitsbelastung - Teil 2: Gestaltungsgrundsätze“.*

2 Mehrtens, G.; Brandenburg, S.; Perlebach, E. (2007): *„Die Berufskrankheitenverordnung : Ergänzbare Sammlung der Vorschriften, Merkblätter und Materialien“*, Erich Schmidt Verlag, Berlin.

3 Hauptverband der gewerblichen Berufsgenossenschaften (2004): *„Berufsgenossenschaftliche Grundsätze für arbeitsmedizinische Vorsorgeuntersuchungen. Arbeitsmedizinische Vorsorge“*, Gentner Verlag, Stuttgart.

4 Joiko, K. (2004): *„Psychische Belastung und Beanspruchung im Berufsleben: Erkennen – Gestalten“*, Bundesanstalt für Arbeitsschutz und Arbeitsmedizin, Dortmund.

5 DIN EN ISO 10075-3 (2004): *„Ergonomische Grundlagen bezüglich psychischer Arbeitsbelastung, Teil 3: Grundsätze und Anforderungen an Verfahren zur Messung und Erfassung psychischer Arbeitsbelastung“.*

6 Fahrenberg, J. (2001): *„Origins and developments of ambulatory monitoring and assessment“*, in Fahrenberg, J.; Myrtek, M. Progress in Ambulatory Assessment: computer-assisted psychological and psychophysiological methods in monitoring and field studies, Hogrefe & Huber, Bern, 587-614.

7 Nachreiner, F.; Meyer, I.; Schomann, C.; Hillebrand, M. (1998): *„Schriftenreihe der Bundesanstalt für Arbeitsschutz und Arbeitsmedizin: Forschungsbericht 799: Überprüfung der Umsetzbarkeit der Empfehlungen der ISO 10075-2 in ein Beurteilungsverfahren zur Erfassung der psychischen Belastung“*, Wirtschaftsverlag NW, Bremerhaven.

8 Valentin, H. (1985): *„Arbeitsmedizin: Arbeitsphysiologie und Arbeitshygiene: Grundlagen für Prävention und Begutachtung“*, Thieme Verlag, Stuttgart.

9 Scheuch, K. (2003): *„Arbeitsphysiologie“*, in Triebig, G.; Kentner, M.; Schiele, R. (Hrsg.), Arbeitsmedizin, Handbuch für Theorie und Praxis, Gentner Verlag, Stuttgart, 561-626.

10 Rohmert, W.; Rutenfranz, J. (1983): *„Praktische Arbeitsphysiologie“*, Thieme Verlag, Stuttgart New York.

11 Hermanns, I.; Post, M. (2003): *„Das CUELA-Messsystem“, Technischer Bericht“*, Berufsgenossenschaftliches Institut für Arbeitsschutz - BIA Sankt Augustin.

12 Käppler, C.; Brügner, G.; Fahrenberg, J. (2001): *„Pocketcomputer-unterstütztes Assessment mit MONITOR: Befindlichkeit im Alltag, Methodenakzeptanz und die Replikation des Retrospektionseffektes“*, Zeitschrift für Differentielle und Diagnostische Psychologie 22(4), 249-266.

13 Müller, B. (1993): *„Erfassung der aktuellen Beanspruchung durch einen Kurzfragebogen unter Berücksichtigung des sprachlichen Ausdrucksverhaltens“*, Dissertation, Universität Marburg.

14 Hart, S. G.; Staveland, L. E. (1988): *„Development of NASA-TLX (Task Load Index): Results of Empirical and Theoretical Research"*, in Hancock, P.; Meshkati, N., Human mental workload, North-Holland Press, Amsterdam, 239-250.

15 Vossen, G. (2000): *„Datenbankmodelle, Datenbanksprachen und Datenbankmanagementsysteme“*, Oldenbourg, München.

16 Kemper, A.; Eickler, A. (2004): *„Datenbanksysteme. Eine Einführung“*, Oldenbourg, München.

17 Data Base Task Group (1971): *„Report"*, Technischer Bericht, CODASYL.

18 Codd, E. F. (1969): *„Derivability, Redundancy and Consistency of Relations Stored in Large Data Banks"*, IBM Research Report, San Jose, California RJ599.

19 Codd, E. F. (1970): *„A Relational Model of Data for Large Shared Data Banks", Commun. ACM* 13(6), 377-387.

20 Beeri, C. (1990): *„A formal approach to object-oriented databases"*, Data and Knowledge Engineering 5(4), 353-382.

21 Kim, W. (1992): *„Introduction to object-oriented databases"*, MIT Press, Cambridge, MA, USA.

22 Özsu, M. T.; Valduriez, P. (1999): *„Principles of Distributed Data Base Systems"*, Prentice Hall, Upper Saddle River, NJ, USA.

23 Dadam, P. (1996): *„Verteilte Datenbanken und Client/Server-Systeme: Grundlagen, Konzepte und Realisierungsformen“*, Springer Verlag, Berlin.

24 Gutierrez, D. D. (2000): *„Web-Datenbanken für Windows-Plattformen“*, Markt+Technik, München.

25 Tanenbaum, A. S.; van Steen, M. (2002): *„Distributed Systems: Principles and Paradigms"*, Prentice Hall International, Upper Saddle River, NJ, USA.

26 Bressan, S.; Ceri, S.; Hunt, E.; Ives, Z. G.; Bellahsène, Z.; Rys, M.; Unland, R. (2005): *„Database and XML technologies : Third International XML Database Symposium“*, Springer Verlag, Berlin.

27 Brust, A. J.; Forte, S. (2006): *„Programming Microsoft SQL Server 2005"*, Microsoft Press, Redmond.

28 Date, C. J.; Darwen, H. (1999): *„SQL - der Standard : SQL/92 mit den Erweiterungen CLI und PSM"*, Addison-Wesley, München.

29 Freeman, R. G. (2004): *„Oracle Database 10g, New Features"*, McGraw-Hill Publishing, New York.

30 Yip, P.; Cheung, K. M.; Gartner, J. (2004): *„DB2 Express. Easy Development and Administration"*, Prentice Hall, Upper Saddle River, NJ, USA.

31 Wichmann, S. (2004): *„SAP DB/MaxDB. Administration und Einsatz"*, Computer & Literaturverlag, Böblingen.

32 Douglas, K.; Douglas, S. (2003): *„PostgreSQL: a comprehensive guide to building, programming, and administering PostgreSQL databases"*, Sams, Indianapolis, IN, USA.

33 MySQL AB (2007): *„The world's most popular open source database"*, Website, http://www.mysql.com/.

34 Zawodny, J. D. & Balling, D. J. (2004): *„High performance MySQL : optimization, backups, replication, and load balancing"*, O'Reilly, Beijing.

35 MySQL AB (2004): *„MySQL Helps Set New World Records for Speed & Price/Performance in Independent Benchmarks"*, Website, http://www.mysql.com/news-and-events/press-release/release_2004_27.html.

36 Morgan, T. P. (2006): *„Database Sales Grew in 2005, Say IDC and Gartner"*, The Unix Guardian 3(20).

37 Schauer, M. (2006): *„Open Source auf der Überholspur"*, *Computerwoche* 28, Technischer Bericht, JoinVision E-Services GmbH, Wien.

38 Lee, I.; Liao, S.; Embrechts, M. (2000): *„Data mining techniques applied to medical information"*, Med. Inform. 25(2), 81-102.

39 Gall, W.; Sachs, P.; Duftschmid, G.; Dorda, W. (1999): *„A retrieval system for the selection and statistical analysis of clinical data"*, Med. Inform. 24(3), 201-212.

40 Selbmann, H. (1972): *„Datenorganisationen in medizinischen Datenbanken"*, Dissertation, Universität Ulm.

41 Dickens, D. (2005): *„Script for Excellence"*, Health Management Technology 26(5), 38-39.

42 Los, R. K.; Ginneken, A. M. V.; Roukema, J.; Moll, H. A.; Lei, J. V. D. (2005): *„Why are structured data different? Relating differences in data representation to the rationale of OpenSDE"*, Medical Informatics and the Internet in Medicine 30(4), 267-276.

43 Dugas, M.; Kuhn, K.; Kaiser, N.; Überla, K. (2001): *„XML-based visualization of design and completeness in medical databases"*, MED. INFORM. 26(4), 237-250.

44 Winkelstein, P. S. (2005): *„Ethical and Social Challenges of Electronic Health Information"* in Chen, H.; Fuller, S. S.; Friedman, C.; Hersh, W. (Hrsg.), Medical Informatics - Knowledge Management and Data Mining in Biomedicine, Springer, Berlin, 139-159.

45 Gärtner, A. (2005): *„Medizintechnik und Informationstechnologie- Band 2 Bildmanagement"*, TÜV-Verlag GmbH, Köln.

46 Brown, N.; Britton, K. E.; Plummer, D. L. (1998): *„Standardisation in medical image management"*, Int J Med Inform 48(1-3), 227-238.

47 Kim, J.; Cai, W.; Feng, D.; Wu, H. (2006): *„A New Way for Multidimensional Medical Data Management: Volume of Interest (VOI)-Based Retrieval of Medical Images With Visual and Functional Features"*, IEEE Transactions on Information Technology in Biomedicine 10(3), 598-607.

48 Pereira, J.; Castro, A.; Castro, A.; Arcay, B.; Pazos, A. (2002): *„Construction of a system for the access, storage and exploitation of data and medical images generated in radiology information systems (RIS)"*, Med. Inform. 27(3), 203-218.

49 Costa, C.; Oliveira, J. L.; Silva, A.; Ribeiro, V. G.; Ribeiro, J. (2005): *„Data Management and Visualization Issues in a Fully Digital Echocardiography Laboratory"*, in 6th International Symposium Biological and Medical Data Analysis (ISBMDA), LNCS 3745, Springer Verlag, Berlin, 13-21.

50 Acuña, C. J.; Marcos, E.; de Castro, V.; Hernández, J. A. (2004): *„A Web Information System for Medical Image Management"*, in Barreiro, J. M., Biological and Medical Data Analysis, LNCS 3337, Springer Verlag, Berlin Heidelberg, 49-59.

51 Sharshar, S.; Allart, L.; Chambrin, M. (2005): *„A New Approach to the Abstraction of Monitoring Data in Intensive Care"*, in S. Miksch (Hrsg.), Proceedings of the 10th Conference on Artificial Intelligence in Medicine (AIME 05), Springer Verlag, Berlin Heidelberg, 13-22.

52 Leaning, M. S.; Yates, C. E.; Patterson, D. L. H.; Ambroso, C.; Collinson, P. O.; Kalli, S. T. (1991): *„A data model for intensive care"*, International Journal of Clinical Monitoring and Computing 8(3), 213-224.

53 Terry, K. (2005): *„A reminder and a measuring stick"*, Med Econ 82(22), 79-80, 82-83.

54 Dräger (2006): *„One Web-based platform for critical and perioperative care"*, Technical report, Dräger Medical AG, Lübeck.

55 Demiris, G.; Rantz, M. J.; Aud, M. A.; Marek, K. D.; Tyrer, H. W.; Skubic, M.; Hussam, A. A. (2004): *„Older adults' attitudes towards and perception of 'smart home' technologies: a pilot study"*, Med. Inform. 29(2), 87-94.

56 Alwan, M.; Dalal, S.; Mack, D.; Kell, S.; Turner, B.; Leachtenauer, J.; Felder, R. (2006): *„Impact of Monitoring Technology in Assisted Living: Outcome Pilot"*, IEEE Transactions on Information Technology in Biomedicine 10(1), 192-198.

57 Olve, N.; Vimarlund, V. (2005): *„Locating ICT's benefit in elderly care"*, Medical Informatics and the Internet in Medicine 30(4), 297-308.

58 Mack, D.; Kell, S.; Alwan, M.; Turner, B.; Felder, R. (2003): *„Non-Invasive Analysis of Physiological Signals (NAPS): A Vibration Sensor that Passively Detects Heart and Respiration Rates as Part of a Sensor Suite for Medical Monitoring"*, 2003 Summer Bioengineering Conference, June 25-29, Sonesta Beach Resort in Key Biscayne, Florida.

59 Chan, M.; Bocquet, H.; Campo, E.; Val, T.; Pous, J. (1999): *„Alarm communication network to help carers of the elderly for safety purposes: a survey of a project"*, Int J Rehabil Res 22(2), 131-136.

60 Pollard, J. K.; Fry, M. E.; Rohman, S.; Santarelli, C.; Theodorou, A.; Mohoboob, N. (2002): *„Wireless and Web-based medical monitoring in the home"*, Med. Inform. 27(3), 219-227.

61 di Giacomo, P.; Ricci, F. L. (2005): *„ECG and XML: An instance of a possible XML schema for the ECG telemonitoring"*, Medical Informatics and the Internet in Medicine 30(1), 25-36.

62 Ojima, M.; Hanioka, T.; Kuboniwa, M.; Nagata, H.; Shizukuishi, S. (2003): *„Development of Web-based intervention system for periodontal health: a pilot study in the workplace"*, Med. Inform. 28(4), 291-298.

63 Haigh, K. Z.; Kiff, L. M.; Ho, G. (2006): *„The Independent LifeStyle Assistant: lessons learned"*, Assist Technol 18(1), 87-106.

64 Tura, A.; Quareni, L.; Longo, D.; Condoluci, C.; van Rijn, A.; Albertini, G. (2005): *„Wireless home monitoring and health care activity management through the Internet in patients with chronic diseases"*, Medical Informatics and the Internet in Medicine 30(4), 241-253.

65 Strömbäck, L.; Hall, D. (2006): „*An Evaluation of the Use of XML for Representation, Querying, and Analysis of Molecular Interactions*", in Grust, T., EDBT 2006 Workshops, LNCS 4254, Springer Verlag, Berlin Heidelberg, 220-233.

66 Gracio, D.; Mitchell, J.; Samatova, N.; Straatsma, T. (2005): „*Scientific Discovery through Advanced Computing: Progress and Opportunities. Input from the Laboratory Community to the Office of Advanced Scientific Computing Research Office of Science U.S. Department of Energy*", Technischer Bericht, SciDAC Computer Science Institute, Department of Energy, Washington, USA.

67 Denning, P. J. (2001): „*The Invisible Future*", McGraw-Hill Professional, New York London.

68 Viari, A. (2003): „*How Does Computer Science Change Molecular Biology?*", in H. Alt; M. Habib (Hrsg.), STACS 2003, LNCS 2607, Springer Verlag, Berlin Heidelberg, 13.

69 Tanabe, L. (2005): „*The Genomic Data Mine*", in Chen, H.; Fuller, S. S.; Friedman, C.; Hersh, W. (Hrsg.), Medical Informatics - Knowledge Management and Data Mining in Biomedicine, Springer Verlag, Berlin, 547-571.

70 Bry, F.; Kröger, P. (2003): „*Bioinformatics Databases: State of the Art and Research Perspectives*", in Kalinichenko, L.(Hrsg.), ADBIS 2003, LNCS 2798, Springer Verlag, Berlin Heidelberg, 3.

71 Bonanno, J. B.; Almo, S. C.; Bresnick, A.; Chance, M. R.; Fiser, A.; Swaminathan, S.; Jiang, J.; Studier, F. W.; Shapiro, L.; Lima, C. D.; Gaasterland, T. M.; Sali, A.; Bain, K.; Feil, I.; Gao, X.; Lorimer, D.; Ramos, A.; Sauder, J. M.; Wasserman, S. R.; Emtage, S.; D'Amico, K. L.; Burley, S. K. (2005): „*New York-Structural GenomiX Research Consortium (NYSGXRC): a large scale center for the protein structure initiative*", Journal of Structural and Functional Genomics 6, 225-232.

72 Samsonova, M.; Pisarev, A.; Kozlov, K.; Poustelnikova, E.; Tkachenko, A. (2006): „*An Information Management System for Collaboration Within Distributed Working Environment*", in U. Leser; F. Naumann; B. Eckman (Hrsg.), DILS 2006, LNBI 4075, Springer Verlag, Berlin Heidelberg, 204-215.

73 Christensen, S. L.; Anglov, J. T. B.; Christensen, J. M.; Olsen, E.; Ponlsen, O. M. (1993): „*Application of a new AMIQAS computer program for integrated quality control, method evaluation and proficiency testing*", Fresenius J Anal Chem 345, 343-350.

74 Baldridge, K. K.; Greenberg, J. P. (2003): *„Management of Web and Associated Grid Technologies for Quantum Chemistry Computation"*, in Sloot, P. M.; Abramson, D.; Bogdanov, A. V.; Dongarra, J. J.; Zomaya, A. Y.; Gorbachev, Y. E. (Hrsg.), ICCS 2003, LNCS 2660, Springer Verlag, Berlin Heidelberg, 111-121.

75 Milch, I. (2006): *„Tokamak und Stellarator - zwei Wege zur Fusionsenergie"*, Physik in unserer Zeit 37(4), 170-177.

76 Harvey, P. R.; Curtis, D. W.; Heetderks, H. D.; Pankow, D.; Rauch-Leiba, J. M.; Wittenbrock, S. K.; McFadden, J. P. (2001): *„The Fast Spacecraft Instrument Data Processing Unit"*, Space Science Reviews 98, 113-149.

77 Jagadish, H. V.; Olken, F. (2003): *„Database Management for Life Science Research: Summary Report of the Workshop on Data Management for Molecular and Cell Biology National Library of Medicine, Bethesda, Maryland, Feb. 2-3, 2003"*, OMICS 7(1), 131-137.

78 Kotsifakos, E.; Ntoutsi, I.; Theodoridis, Y. (2005): *„Database Support for Data Mining Patterns"*, in PCI 2005, LNCS 3746, Springer Verlag, Berlin Heidelberg, 14-24.

79 Einthoven, W.; Fahr, G.; de Waart, a. (1913): *„Über die Richtung und die Manifeste Grösse der Potentialschwankungen im mennschlichen Herzen und über den Einfluss der Herzlage auf die form des Elektrokardiogramms"*, Pflügers Archiv fur die Gesamte Physiologie des Menschen und der Tiere 150, 275-315.

80 Frauendorf, H.; Pfister, E.; Ulmer, H.; Wirth, D. (2005): *„Nutzung der Herzschlagfrequenz bei arbeitswissenschaftlichen Untersuchungen"*, Leitlinie der Deutschen Gesellschaft für Arbeitsmedizin und Umweltmedizin e. V. (DGAUM).

81 Pfister, E.; Böckelmann, I.; Rüdiger, H.; Seibt, R.; Stoll, R.; Vilbrandt, R. (2006): *„Herzrhythmusanalyse in der Arbeitsmedizin"*, Leitlinie der Deutschen Gesellschaft für Arbeitsmedizin und Umweltmedizin e. V. (DGAUM).

82 Seibt, R.; Scheuch, K. (1999): *„Blutdruckmessung in der Arbeitsphysiologie"*, Leitlinie der Deutschen Gesellschaft für Arbeitsmedizin und Umweltmedizin e. V. (DGAUM).

83 Stoll, R.; Häntzschel, J.; Mohr, T.; Münzberger, E. (2001): *„Untersuchungen zum Vergleich der Vorhersagegenauigkeit unterschiedlicher extrapolierender Verfahren zur Bestimmung des maximalen Sauerstoffaufnahmevermögens"*, in Dokumentationsband der 41. Jahretagung der Deutschen Gesellschaft für Arbeitsmedizin und Umweltmedizin e.V. 25.-28.4.01, Rindt-Druck, Fulda, 61-65.

84 Wonisch, M.; Fruhwald, F.; Hödl, R.; Hofmann, P.; Klein, W.; Kraxner, W.; Maier, R.; Pokan, R.; Smekal, G.; Watzinger, N. (2003): *„Spiroergometrie in der Kardiologie - Grundlagen der Physiologie und Terminologie“*, Journal für Kardiologie 10(9), 383-390.

85 Benchetrit, G. (2000): *„Breathing pattern in humans: diversity and individuality“, Respiratory Physiology* 122(23), 123-129.

86 Roth, W.; Margraf, J.; Ehlers, A.; Taylor, C.; Maddock, R.; Davies, S.; Agras, W. (1992): *„Stress test reactivity in panic disorder“*, Archives of general psychiatry 49(4), 301-310.

87 Wang, J.; Rao, H.; Wetmore, G. S.; Furlan, P. M.; Korczykowski, M.; Dinges, D. F.; Detre, J. A. (2005): *„Perfusion functional MRI reveals cerebral blood flow pattern under psychological stress“*, PNAS 102(49), 17804-17809.

88 Seugnet, L.; Boero, J.; Gottschalk, L.; Duntley, S. P.; Shaw, P. J. (2006): *„Identification of a biomarker for sleep drive in flies and humans“*, PNAS 103(52), 19913-19918.

89 Weltman, A. (1995): *„The blood lactate response to exercise“*, Human Kinetics, Champaign, IL, USA.

90 Restorff, W. (2004): *„Messung des Fettgehaltes des menschlichen Körpers“*, Leitlinie der Deutschen Gesellschaft für Arbeitsmedizin und Umweltmedizin e. V. (DGAUM).

91 Carter, J.; Jeukendrup, A. E. (2002): *„Validity and reliability of three commercially available breath-by-breath respiratory systems“*, European Journal of Applied Physiology 86(5), 435-441.

92 VIASYS (2004): *„Technisches Datenblatt: Oxycon Pro - die neuen Features“*, VIASYS Healthcare GmbH, Höchberg.

93 Korotkoff, N. (1905): *„To the Question of Methods of Determining the Blood Pressure“*, Reports of the Imperial Military Medical Academy II, Russia, 365-367.

94 ergoline (2002): *„Gebrauchsanweisung für Ergometer er900“*, ergoline GmbH, Bitz.

95 Soehnle (2003): *„Bedienungsanleitung 7700“*, Soehnle-Waagen GmbH & Co. KG, Nassau.

96 Stoll, R.; Mohr, T.; Schroeder, R. (2002): *„Anthropometrisches online-Mess- und Expertensystem zur individuellen Einschätzung des Körperbaus und des Ernährungszustandes“*, Arbeitsmed.Sozialmed.Umweltmed. 37(1), 28-34.

97 Poll, E.; Kreitschmann-Andermahr, I.; Langejuergen, Y.; Stanzel, S.; Gilsbach, J. M.; Gressner, A.; Yagmur, E. (2007): *„Saliva collection method affects predictability of serum cortisol"*, Clinica Chimica Acta 382(1-2), 15-19.

98 Lange, B. (1990): *„Operator Manual Miniphotometer 8"*, Dr. Lange GmbH, Düsseldorf.

99 Medset (2002): *„CARDIOLIGHT SMART Langzeit-EKG-Aufnahmesystem"*, Medset Medizintechnik GmbH, Hamburg.

100 Medset (2005): *„TELESMART-H Langzeit-EKG-Aufnahmesystem"*, Medset Medizintechnik GmbH, Hamburg.

101 Medset (2001): *„PADSY - Das Patienten-Diagnose-System"*, Medset Medizintechnik GmbH, Hamburg.

102 Polar Electro (2003): *„S810iTM Herzfrequenz-Messgerät"*, Polar Electro GmbH Deutschland, Büttelborn.

103 Suunto Oy (2005): *„Suunto T6 Heart Rate Monitor"*, Suunto Oy, Vantaa, Finland.

104 Suunto Oy (2006): *„Suunto Smart Belt Bedienungsanleitung"*, Suunto Oy, Vantaa, Finland.

105 BOSO (1994): *„Gebrauchsanweisung TM-2420 / TM-2020"*, Fa. Bosch + Sohn GmbH u. Co. KG, Jungingen.

106 BOSO (2003): *„BOSO-TM-2430 PC"*, Fa. Bosch + Sohn GmbH u. Co. KG, Jungingen.

107 SensLab (2005): *„Bedienungsanleitung für Lactate Scout – Messgerät"*, SensLab Gesellschaft zur Entwicklung und Herstellung bioelektrochemischer Sensoren mbH, Leipzig.

108 Triemer, A. (2003): *„Ambulantes psychophysiologisches 24-Stunden-Monitoring zur Erfassung von arbeitsbezogenen Stimmungen und Emotionen"*, Peter Lang, Frankfurt am Main.

109 Mutz, G.; Becker, K. (2006): *„Ambulante physiologische Messgeräte - Entwicklung und Stand der Technik am Beispiel von VITAPORT und varioport"*, in Ebner-Priemer, U. W. (Hrsg.), Ambulantes psychophysiologisches Monitoring - neue Perspektiven und Anwendungen, Peter Lang, Frankfurt am Main Berlin Bern, 135-145.

110 Ruha, A.; Sallinen, S.; Nissila, S. (1997): *„A real-time microprocessor QRS detector system with a 1-ms timing accuracy for the measurement of ambulatory HRV"*, IEEE Trans Biomed Eng 44, 159-167.

111 Al-Imari, A. A.; Rashid, K. A.; AL-Dagstany, M. (2003): *„Telemetry Based System for Measurement and Monitoring of Biomedical Signals"*, in Proceedings of The 3rd IEEE International Workshop on System-on-Chip for Real-Time Applications (IWSOC'03), 30 June - 2 July 2003, Calgary, Alberta, Canada, 352-356.

112 Kaber, D. B.; Wright, M. C.; Sheik-Nainar, M. A. (2006): *„Investigation of multi-modal interface features for adaptive automation of a human-robot system"*, International Journal of Human-Computer Studies 64(6), 527-540.

113 Fahrenberg, J.; Hüttner, P.; Leonhart, R. (2001): *„Acquisition of Psychological data by a Hand-held PC"*, in Fahrenberg, J.; Myrtek, M. (Hrsg.), Progress in Ambulatory Assessment: computer-assisted psychological and psychophysiological methods in monitoring and field studies, Hogrefe & Huber, Bern, 93-112.

114 Fahrenberg, J. (1996): *„Ambulatory Assessment: Issues and perspectives"* in Fahrenberg, J.; Myrtek, M. (Hrsg.), Ambulatory Assessment: computer-assisted psychological and psychophysiological methods in monitoring and field studies, Huber Verlag, Bern, 3-21.

115 Vilbrandt, R. (2003): *„Gerätestudie – Chronometrage"*, Studienarbeit, Universität Rostock.

116 Vilbrandt, R. (2004): *„Mobiles Chronometrage-System zur flexiblen Erfassung von Lastzuständen"*, Diplomarbeit, Universität Rostock.

117 Weiß, C. (2005): *„Basiswissen Medizinische Statistik"*, Springer Medizin Verlag, Berlin Heidelberg.

118 Horn, A. (2003): *„Diagnostik der Herzfrequenzvariabilität in der Sportmedizin: Rahmenbedingungen und methodische Grundlagen"*, Dissertation, Ruhr-Universität Bochum.

119 Pfister, E.; Böckelmann, I.; Rüdiger, H.; Seibt, R.; Stoll, R.; Vilbrandt, R. (2007): *„Leitlinie der Deutschen Gesellschaft für Arbeitsmedizin und Umweltmedizin e.V. Herzrhythmusanalyse in der Arbeitsmedizin"*, Arbeitsmed.Sozialmed.Umweltmed. 42(6), 348-353.

120 Weippert, M.; Kreuzfeld, S.; Vilbrandt, R.; Kumar, M.; Kaber, D.; Stoll, R. (2006): *„Fuzzy Modelling of Mental Effort using Heart Rate Variability-Data"*, in 4th International Forum Life Science Automation, 14.-15.09.2006'.

121 Weippert, M.; Kumar, M.; Kreuzfeld, S.; Vilbrandt, R.; Stoll, R. (2005): *„Fuzzy-Clustering zur Schätzung der mentalen Beanspruchung"*, in Proceedings 9. Symposium Arbeitsphysiologie für Nachwuchswissenschaftler der Deutschen Gesellschaft für Arbeitsmedizin und Umweltmedizin e.V. Haan, 11.-13.11.2005, ISBN 3-936841-09-8 ASER:info Sonderschrift, digital print, 54-55.

122 Schroeder, R. (2007): *„Arbeitsphysiologisches Diagnosesystem“*, Dissertation, Universität Rostock.

123 Möhr, M.;Johnses, D. (1972): *„Tabellen zur Beurteilung des Körpergewichtes erwachsener Männer und Frauen nach ihrem Optimalgewicht“*, Z.ärztl.Fortbildung 66, 1052-1064.

124 Stoll, R.; Schroeder, R.; Mohr, T.; Münzberger, E. (2000): *„Arbeitsphysiologisches Diagnosesystem – online: Integration und Interpretation anthropometrischer und spiroergometrischer Messwerte“*, in Dokumentationsband über die 40. Jahrestagung der Deutschen Gesellschaft für Arbeitsmedizin und Umweltmedizin e.V., Rindt-Druck, Fulda, 590-591.

125 Kumar, M. (2005): *„A deterministic approach to robust fuzzy identification of uncertain processes in occupational medicine”*, Dissertation, Universität Rostock.

126 Wagner, G. von (2006): *„Entwicklung von Methoden zur Echtzeitanalyse von EKG-Signalen mit Neuro-Fuzzy-Systemen für Anwendungsszenarien der Telemedizin“*, Dissertation, Universität Fridericiana Karlsruhe.

127 Karlsson, M.; Forsgren, R.; Eriksson, E.; Edstrom, U.; Backlund, T.; Karlsson, J.; Wiklund, U. (2005): *„Wireless system for real-time recording of heart rate variability for home nursing”*, in Conf Proc IEEE Eng Med Biol Soc, 3717-3719.

128 Nickel, P.; Nachreiner, F. (2003): *„Sensitivity and diagnosticity of the 0.1-Hz component of heart rate variability as an indicator of mental workload”*, Human factors 45(4), 575-590.

129 Vilbrandt, R.; Kreuzfeld, S.; Weippert, M.; Kumar, M.; Arndt, D.; Stoll, R. (2006): *„Vergleichbarkeit der mit verschiedenen Geräten erfassten Herzfrequenzvariabilität“*, in Dokumentation 46. Jahrestagung Deutsche Gesellschaft für Arbeitsmedizin und Umweltmedizin e.V. : Hannover, März 22. - 25., Gentner Verlag, Stuttgart.

130 Rand, J.; Hoover, A.; Fishel, S.; Pappas, J. M. J.; Muth, E. (2007): *„Real-Time Correction of Heart Interbeat Intervals”*, IEEE Transactions on Biomedical Engineering 54(5), 946-950.

131 Timm, U. (2006): *„System für die automatische medizinisch-statistische Auswertung von physiologischen Messwerten“*, Diplomarbeit, Universität Rostock.

132 Jacobs, J. A. (1998): *„Measuring time at work: are self-reports accurate?”* Monthly Labor Review 121(12), 42-53.

133 Symbian Limited (2007): *„Symbian OS: the open mobile operating system”*, Website, http://www.symbian.com/.

134 Stern, E. (1986): *„Reaktivitätseffekte in Untersuchungen zur Selbstprotokollierung im Feld“*, Peter Lang Verlag, Frankfurt am Main.

135 Hobi, V. (1985): *„Baseler Befindlichkeitsskala. Ein Self-Rating zur Verlaufsmessung der Befindlichkeit“*, Beltz-Verlag, Weinheim.

136 Gerlicher, A.; Rupp, S. (2004): *„Symbian OS. Eine Einführung in die Anwendungsentwicklung“*, Dpunkt Verlag, Heidelberg.

137 Sun Microsystems, Inc. (2007): *„Java Technology”*, Website, http://java.sun.com/.

138 DeJode, M. (2004): *„Programming MIDP 2.0 on Symbian OS.: A Developer's Guide to MIDP 2.0”*, Wiley & Sons, Chichester, UK.

139 OPL-DEV Open Source Project (2007): *„Welcome to the opl-dev project”*, Website, http://opl-dev.sourceforge.net/index.html.

140 Spence, E. (2005): *„Rapid Mobile Enterprise Development for Symbian OS. A Guide to OPL Programming: An Introduction to OPL Application Design and Programming”*, Wiley & Sons, Chichester, UK.

141 The PHP Group (2007): *„PHP: Hypertext Preprocessor”*, Website, http://www.php.net/.

142 Wenz, C.; Hauser, T. (2005): *„PHP 5 - Dynamische Websites professionell programmieren“*, Markt und Technik, München.

143 The Apache Software Foundation (2007): *„Welcome! - The Apache Software Foundation”*, website, http://www.apache.org/.

144 Netcraft Ltd (2007): *„Netcraft”*, Website, http://news.netcraft.com/.

145 Microsoft Corporation (2007): *„Internet Information Services”*, Website, http://www.microsoft.com/WindowsServer2003/iis/default.mspx.

146 Polar Electro (2005): *„Polar Precision Performance SW”*, Polar Electro Oy Finland, Kempele, Finnland.

147 Suunto Oy (2006): *„Suunto Training Manager”*, Suunto Oy, Vantaa, Finland.

148 BOSO (2003): *„profil-manager 2“*, Fa. Bosch + Sohn GmbH u. Co. KG, Jungingen.

149 Cortex Medical (2004): *„Metamax 3B“*, Cortex Biophysik GmbH, Leipzig.

150 Cortex Medical (2007): *„MetaSoft 3”*, Cortex Biophysik GmbH, Leipzig.

151 Beckmann, R. (2004): *„Mobile Messwertaufnahme von Langzeitblutdruckdaten“*, Belegarbeit, Universität Rostock.

152 Polar Electro Inc. OEM Division (2007): *„Polar OEM Products"*, Website, http://www.polarusa.com/manufacturers/products/products.asp.

153 IEEE 802.15.1 Task Group (2005): *„802.15.1 IEEE Standard for Information technology - Telecommunications and information exchange between systems - Local and metropolitan area networks - Specific requirements Part 15.1: Wireless medium access control (MAC) and physical layer (PHY) specifications for wireless personal area networks (WPANs)"*, Technischer Bericht, IEEE Computer Society, Washington, DC, USA.

154 CadSoft Computer GmbH (2006): *„CadSoft Online: EAGLE Layout Editor"*, website, http://www.cadsoft.de/.

155 IAR Systems AB (2006): *„IAR Systems AG"*, website, http://www.iar.de/.

156 Tecom Co., Ltd (2002): *„Quick Installation Guide: Bluetooth USB Dongle BT3030"*, Tecom Co., Ltd.

157 Suunto Oy (2006): *„Suunto PC Pod Bedienungsanleitung"*, Suunto Oy, Vantaa, Finland.

158 Suunto Oy (2006): *„Suunto Team Pod"*, Suunto Oy, Vantaa, Finland.

159 Suunto Oy (2006): *„Interface library for communication with Suunto Training Devices"*, Suunto Oy, Vantaa, Finland.

160 Persson, J. (2005): *„JPGraph Softwarebibliothek"*, Aditus Consulting, Stockholm, Schweden.

161 Jamal, R.; Hagestedt, A. (2001): *„LabVIEW Das Grundlagenbuch"*, Addison-Wesley, München.

162 Stoll, R.; Baranyai, S.; Stoll, N.; Münzberger, E. (1997): *„Astrand off-line und on-line"*, in Dokumentationsband über die 37. Jahrestagung der Deutschen Gesellschaft für Arbeitsmedizin und Umweltmedizin e.V., Rindt-Druck, Fulda, 533-535.

163 Wagner, T.; Rudolf, M.; Noack, F. (1998): *„Die Herzfrequenzvariabilität in der arbeitspsychologischen Feldforschung – Methodenprobleme und Anwendungsbeispiele"*, Zeitschrift für Arbeits- u. Organisationspsychologie 42(4), 197-204.

164 Richter, P.; Wagner, T.; Heger, R.; Weise, G. (1998): *„Psychophysiological analysis of mental load during driving on rural roads--a quasi-experimental field study"*, Ergonomics 41(5), 593--609.

165 Izso, L.; Lang, E. (2000): *„Heart period variability as mental effort monitor in Human Computer Interaction"*, Behavior & Information Technology 19, 297-306.

166 Stoll, R.; Kreuzfeld, S.; Weippert, M.; Vilbrandt, R.; Stoll, N. (2007): *„System for Flexible Field Measurement of Physiological Data of Operators Working in Automated Labs"*, JALA 12(2), 110-114.

167 Vilbrandt, R.; Kreuzfeld, S.; Stoll, R. (2006): *„Flexible Erfassung von Belastungs- und Beanspruchungsparametern bei arbeitsmedizinischen Felduntersuchungen"*, Arbeitsmed.Sozialmed.Umweltmed. 41(10), 457-462.

168 Kalke, C. (2006) *„Untersuchung physiologischer Parameter während Langzeitfelduntersuchungen von gesunden Männern im Studienalltag"*, Hausarbeit im Rahmen der Ersten Staatsprüfung für das Lehramt an Gymnasien, Universität Rostock.

169 Institut für Präventivmedizin (2007), *„Jahresbericht 2006: Physioergonomisch optimierte Mensch-Maschine-Interfaces und Datenschnittstellen in der Life Science Automation (PEO)"*, Forschungsbereicht, Institut für Präventivmedizin, Universität Rostock.

Eigene Veröffentlichungen

1. Stoll, R.; Vilbrandt, R.; Göde, B.; Lange, F. (2004): *„Data Mining and Visualization in Sport's Medicine Automation by WebServer Oriented Software and WebBrowser Oriented User Interfaces"*, in Proceedings LabAutomation 2004 San Jose (USA) 02.02.-05.02., 173.

2. Stoll, R.; Vilbrandt, R. (2004): *„Mobiles Registriersystem für arbeitsphysiologische Felduntersuchungen"*, in Proceedings 44. Jahrestagung der Deutschen Gesellschaft für Arbeitsmedizin und Umweltmedizin e.V. 21.-24.04.2004 Innsbruck, Rindt-Druck, Fulda, 644-646.

3. Stoll, R.; Vilbrandt, R. (2004): *„Mobiles Registriersystem für arbeitsphysiologische Felduntersuchungen"*, Abstract, ASU Jahrgang 39 (4/2004), 251.

4. Stoll, R.; Göde, B.; Vilbrandt, R. (2004): *„Web-gestütztes Datenbanksystem zur Dateninterpretation arbeitsphysiologischer Messdaten"*, in Proceedings 44. Jahrestagung der Deutschen Gesellschaft für Arbeitsmedizin und Umweltmedizin e.V. 21.-24.04.2004, Innsbruck, Rindt-Druck, Fulda, 641-643.

5. Stoll, R.; Kreuzfeld, S.; Vilbrandt, R.; Kaber, D. (2004): *"Automation Assessment by continous monitoring of the workload and physiological parameters in highly automated processes"*, in Proceedings 2nd International Forum Life Science Automation Rostock 06./07.09.2004, ISBN: 9-938042-00-1, IMS-Press, Rostock, 48-49.

6. Vilbrandt, R.; Kreuzfeld, S.; Timm, U.; Stoll, R. (2004): *"System for field measurement of physiological data"*, in Proceedings 2nd International Forum Life Science Automation Rostock 06./07.09.2004, ISBN: 9-938042-00-1, IMS-Press, Rostock, 76-77.

7. Vilbrandt, R.; Kreuzfeld, S.; Timm, U.; Stoll, R. (2004): *"Field measurement of physiological data"*, in Proceedings International Workshop Human Interaction with Life Science Automation (HILSA) Warnemünde 21.-24.09.2004, Technical Publication IE-04-CEL-0X.

8. Vilbrandt, R.; Kreuzfeld, S.; Weippert, M.; Stoll, R. (2004): *„Flexible Erfassung von Beanspruchungsparametern bei arbeitsmedizinischen Felduntersuchungen"*, in Proceedings 8. Symposium Arbeitsphysiologie für Nachwuchswissenschaftler der Deutschen Gesellschaft für Arbeitsmedizin und Umweltmedizin e.V. Rostock/Bad Doberan 19.-21.11.2004, ISBN: 39809549-1-9, IMS Press, Rostock, 27.
   (*ausgezeichnet mit dem 2. Preis der Dr. Winkler-Stiftung für Arbeitsmedizin im Stifterverband für die Deutsche Wissenschaft)*

9. Stoll, R.; Vilbrandt, R.; Weippert, M.; Kreuzfeld, S. (2004): *"Occupational Physiology – integrated investigations from the lab to the field"*, in Proceedings International Workshop Human Interaction with Life Science Automation (HILSA) Warnemünde 21.-24.09.2004, Technical Publication IE-04-CEL-0X.

10. Stoll, N.; Vilbrandt, R.; Kreuzfeld, S.; Stoll, R. (2005): *"Field Measurement of Physiological Data"*, in Proceedings LabAutomation San Jose (USA) 30.01.-03.02.2005, 159.

11. Stoll, R.; Kreuzfeld, S.; Kumar, M.; Vilbrandt, R.; Weippert, M. (2005): *"Medical Automation Tools for Integrated Non-Invasive Field Investigation in Occupational and Sports Medicine"*, in 3rd International Forum Life Science Automation 07.03.2005, Charlottesville, VA, USA.

12. Stoll, R.; Kreuzfeld, S.; Weippert, M.; Vilbrandt, R. (2005): *„Flexible mobile Erfassung von Tätigkeit und Erleben in arbeitsmedizinischen Felduntersuchungen"*, in Proceedings 45. Jahrestagung der Deutschen Gesellschaft für Arbeitsmedizin und Umweltmedizin e. V. 6.-9.04 2005 Bochum, ISBN 3-87247-678-5, 601-603.

13. Vilbrandt, R.; Kreuzfeld, S.; Weippert, M.; Stoll, R. (2005): *„Flexible Erfassung von Beanspruchungsparametern bei arbeitsmedizinischen Felduntersuchungen"*, Abstracts der 45. Jahrestagung der Deutschen Gesellschaft für Arbeitsmedizin und Umweltmedizin e. V. in Bochum 6.-9. April 2005, Arbeitsmed.Sozialmed.Umweltmed 40 (2005) 3, 206.

14. Stoll, R.; Vilbrandt, R.; Kreuzfeld, S.; Kumar, M.; Kaber, D.; Weippert, M. (2005): *„Fuzzy-Analyse der Herzschlagvariabilität für die Einschätzung mentaler Beanspruchung"*, in Proceedings 45. Jahrestagung der Deutschen Gesellschaft für Arbeitsmedizin und Umweltmedizin e. V. 6.-9.04 2005 Bochum, ISBN 3-87247-678-5, 479-481.

15. Stoll, R.; Timm, U.; Vilbrandt, R. (2005): *„System zur Online-Interpretation von arbeitsphysiologischen Messdaten"*, in Proceedings 45. Jahrestagung der Deutschen Gesellschaft für Arbeitsmedizin und Umweltmedizin e. V. 6.-9.04 2005 Bochum, ISBN 3-87247-678-5, 482-484.

16. Vilbrandt, R.; Kreuzfeld, S.; Weippert, M.; Stoll, R. (2005): *„Flexible Field Measurement of Physiological Data"*, 1st World Conference Medical Automation Helsinki 29.06.-01.07.2005, 10.

17. Stoll, R.; Vilbrandt, R.; Kreuzfeld, S.; Kumar, M.; Kaber, D.; Weippert, M. (2005): *„Fuzzy- Analysis of wireless acquired Heart Rate Variability for Mental Effort Assessment"*, 1st World Conference Medical Automation Helsinki 29.06.-01.07.2005.

18. Kumar, M.; Stoll, N.; Stoll, R.; Vilbrandt, R. (2005): *„Fuzzy Based Intelligent Interpretation of Medical Data"*, 1st World Conference Medical Automation Helsinki 29.06.-01.07.2005.

19. Vilbrandt, R.; Kreuzfeld, S.; Weippert, M.; Stoll, R. (2005): *„System for Flexible Field Measurement of Physiological Data"*, 1st World Conference Medical Automation Helsinki 29.06.-01.07.2005.

20. Timmermann, D.; Thurow, K.; Vilbrandt, R.; Stoll, R. (2005): *„Body Sensor Networks for Realtime Monitoring of stress reactions"*, 1st World Conference Medical Automation Helsinki 29.06.-01.07.2005

21. Stoll, R.; Kreuzfeld, S.; Weippert, M.; Vilbrandt, R. (2005): *„Internetgestütztes Mess- und Archivierungssystem für die Feldmessung von leistungsdiagnostisch relevanten sportphysiologischen Daten"*, in 39. Kongress der Deutschen Gesellschaft für Sportmedizin und Prävention Hamburg 14.-17. 09.2005, Deutsche Zeitschrift für Sportmedizin 56 (2005) 7-8, 248.

22. Stoll, R.; Weippert, M.; Vilbrandt, R.; Kumar, M.; Kreuzfeld, S. (2005): *On-line-Erfassung und -Verarbeitung von anthropometrischen und calipermetrischen Messdaten zum Einsatz bei Populationsuntersuchungen"*, in 39. Kongress der Deutschen Gesellschaft für Sportmedizin und Prävention Hamburg 14.-17. 09.2005, Deutsche Zeitschrift für Sportmedizin 56 (2005) 7-8, 235.

23. Stoll, R.; Kreuzfeld, S.; Schroeder, R.; Vilbrandt, R.; Stoll, N. (2005): *„Individuelle gasstoffwechselgestützte VO2max-Prognose in Realtime"*, in 39. Kongress der Deutschen Gesellschaft für Sportmedizin und Prävention Hamburg 14.-17. 09.2005, Deutsche Zeitschrift für Sportmedizin 56 (2005) 7-8, 248.

24. Stoll, R.; Kumar, M.; Vilbrandt, R.; Stoll, N. (2005): *„Fuzzy Modellierung zur Schätzung der Physical Fitness"*, in 39. Kongress der Deutschen Gesellschaft für Sportmedizin und Prävention Hamburg 14.-17. 09.2005, Deutsche Zeitschrift für Sportmedizin 56 (2005) 7-8, 248.

25. Vilbrandt, R.; Kreuzfeld, S.; Weippert, M.; Kumar, M.; Stoll, R. (2005): *„Vergleichbarkeit der Spektral Analyse der Herzfrequenzvariabilität bei Verwendung unterschiedlicher Geräte"*, in Proceedings 9. Symposium Arbeitsphysiologie für Nachwuchswissenschaftler der Deutschen Gesellschaft für Arbeitsmedizin und Umweltmedizin e.V. Haan 11.-13.11.2005, ISBN: 3-936841-09-8, aser:info Sonderschrift, digital print, Wuppertal, 53.

26. Weippert, M.; Vilbrandt, R.; Kreuzfeld, S.; M.; Kumar, M.; Stoll, R. (2005): *„Fuzzy-Clustering zur Schätzung der mentalen Beanspruchung"*, in Proceedings 9. Symposium Arbeitsphysiologie für Nachwuchswissenschaftler der Deutschen Gesellschaft für Arbeitsmedizin und Umweltmedizin e.V. Haan 11.-13.11.2005, ISBN: 3-936841-09-8, aser:info Sonderschrift, digital print, Wuppertal, 54-55.
(*ausgezeichnet mit dem 3.Preis der Dr. Winkler-Stiftung für Arbeitsmedizin im Stifterverband für die Deutsche Wissenschaft)*

27. Vilbrandt, R.; Timm, U.; Kreuzfeld, S.; Stoll, R. (2005): *„Internet-basierte Auswertung arbeitsphysiologischer Messdaten“*, in Proceedings 9. Symposium Arbeitsphysiologie für Nachwuchswissenschaftler der Deutschen Gesellschaft für Arbeitsmedizin und Umweltmedizin e.V. Haan 11.-13.11.2005, ISBN: 3-936841-09-8, aser:info Sonderschrift, digital print, Wuppertal, 56-57.

28. Stoll, N.; Vilbrandt, R.; Kreuzfeld, S.; Weippert, M.; Stoll, R. (2006): *„System for Flexible Field Measurement of Physiological Data of Operators Working in Automated Labs”*, in Proceedings LabAutomation 2006 Palm Springs (CA, USA) 22.01.-25.01.2006, ALA, Addendum, 8.

29. Stoll, N.; Kumar, M.; Vilbrandt, R.; Stoll, R. (2006): *„Fuzzy Based Intelligent Interpretation of Medical Data of Staff in Highly Automated Laboratories”.* in Proceedings LabAutomation 2006 Palm Springs (CA, USA) 22.01.-25.01.2006, ALA, Addendum, 5.

30. Weippert, M.; Kreuzfeld, S.; Arndt, D.; Vilbrandt, R.; Kumar, M.; Stoll, R. (2006): *„Beanspruchung bei einer Flugführungssimulation - Vergleich zwischen männlichen und weiblichen Probanden“*, in Proceedings 46. Jahrestagung der Deutschen Gesellschaft für Arbeitsmedizin und Umweltmedizin e.V. 22.-25.03.2006 Hannover, 548-551.

31. Kreuzfeld, S.; Weippert, M.; Kumar, M.; Vilbrandt, R.; Arndt, D.; Stoll, R. (2006): *„Einfluss der körperlichen Leistungsfähigkeit auf die Beanspruchung durch psychischen Stress“*, in Proceedings 46. Jahrestagung der Deutschen Gesellschaft für Arbeitsmedizin und Umweltmedizin e.V. 22.-25.03.2006 Hannover, 516-518.

32. Vilbrandt, R.; Kreuzfeld, S.; Weippert, M.; Kumar, M.; Arndt, D.; Stoll, R. (2006): *„Vergleichbarkeit der mit verschiedenen Geräten erfassten Herzfrequenzvariabilität“*, in Proceedings 46. Jahrestagung der Deutschen Gesellschaft für Arbeitsmedizin und Umweltmedizin e.V. 22.-25.03.2006 Hannover, 446-448.

33. Vilbrandt, R.; Kreuzfeld, S.; Stoll, R. (2006): *„Flexible Erfassung von Belastungs- und Beanspruchungsparametern bei arbeitsmedizinischen Felduntersuchungen“*, Arbeitsmed.Sozialmed.Umweltmed. 41 (2006) 10, 457-462.

34. Weippert, M.; Vilbrandt, R.; Kreuzfeld, S.; Kumar, M.; Kaber, D.; Stoll, R. (2006): *„Geschlechtsspezifische Beanspruchung bei einer Flugführungssimulation“*, Symp.Medical 17 (2006) 6, 18-20.

35. Vilbrandt, R.; Kreuzfeld, S.; Arndt, D.; Weippert, M.; Stoll, R. (2006): *„Monitoring Labworkers Workload and Stress by Mobile Measurement”*, in Proceedings 4th International Forum Life Science Automation 14.-15.09.2006 Rostock, 79.

36. Kumar, M.; Stoll, N.; Vilbrandt, R.; Kaber, D.; Stoll, R. (2006): *„Fuzzy Based Data Interpretation – A Tool for Investigation Laboratory Staff's Stress Level"*, in Proceedings 4th International Forum Life Science Automation 14.-15.09.2006 Rostock, 69.

37. Kumar, M.; Stoll, N.; Vilbrandt, R.; Kaber, D.; Stoll, R. (2006): *„A Framework for Robust Identification of Fuzzy Modells: Theory and Application"*, in Proceedings 4th International Forum Life Science Automation 14.-15.09.2006 Rostock, 70.

38. Stoll, R., Vilbrandt, R., Thurow, K.: *„Telemedical Data Management System for Acquisition and Processing of Workload, subjective Strain and Physiological Data"*, Poster 2nd World Conference Medical Automation Washington D.C. 1.-3. November 2006.

39. Vilbrandt, R.; Timm, U.; Kreuzfeld, S.; Stoll, R. (2006): *„MEDLIMS - Internetgestütztes Datenverwaltungssystem mit automatischer Datenaufbereitung für statistische Analysen"*, in Proceedings 10. Symposium Arbeitsphysiologie für Nachwuchswissenschaftler der Deutschen Gesellschaft für Arbeitsmedizin und Umweltmedizin e.V. 17.-19.11.2006 Großbothen, 27.
(ausgezeichnet mit dem 2.Preis der Dr. Winkler-Stiftung für Arbeitsmedizin im Stifterverband für die Deutsche Wissenschaft)

40. Stoll, R.; Kreuzfeld, S.; Weippert, M.; Vilbrandt, R.; Stoll, N. (2007): *"System for Flexible Field Measurement of Physiological Data of Operators Working in Automated Labs"*, Journ.Ass.Lab.Aut 12(2007)2, 110-114.

41. Kumar, M.; Weippert, M.; Arndt, D.; Kreuzfeld, S.; Vilbrandt, R.; Stoll, R. (2007): *„Fuzzy Evaluation of Heart Rate Signals for Mental Stress Assessment"*, IEEE Transactions on Fuzzy Systems 15 (2007) 5, 791-808.

42. Vilbrandt, R.; Kreuzfeld, S.; Stoll, R. (2007): *„MEDLIMS: Internetgestütztes arbeitsphysiologisches Datenmanagementsystem"*, in Proceedings 47. Jahrestagung der Deutschen Gesellschaft für Arbeitsmedizin und Umweltmedizin e.V. 21.-24.03.2007 Mainz, Arbeitsmed.Sozialmed.Umweltmed. 42 (2007) 3, 136.

[1] DIN10075-2
[2] Mehrtens2007
[3] BG2004
[4] Joiko2004
[5] DIN10075-3
[6] Fahrenberg2001
[7] Nachreiner1998
[8] Valentin1985
[9] Scheuch2003
[10] Rohmert1983
[11] Hermanns2003
[12] Käppler2001
[13] Müller1993
[14] Hart1988
[15] Vossen2000
[16] Kemper2004
[17] CODASYL1971
[18] Codd1969
[19] Codd1970
[20] Beeri1990
[21] Kim1992
[22] Öezsu1999
[23] Dadam1996
[24] Gutierrez2000
[25] Tanenbaum2002
[26] Bressan2005
[27] Brust2006
[28] Date1999
[29] Freeman2004
[30] Yip2004
[31] Wichmann2004
[32] Douglas2003
[33] MySQL2007
[34] Zawodny2004
[35] MySQL2004
[36] Morgan2006
[37] Schauer2006
[38] Lee2000
[39] Gall1999
[40] Selbmann1972
[41] Dickens2005
[42] Los2005
[43] Dugas2001
[44] Winkelstein2005
[45] Gärtner2005
[46] Brown1998
[47] Kim2006
[48] Pereira2002
[49] Costa2005
[50] Acuña2004
[51] Sharshar2005
[52] Leaning1991
[53] Terry2005
[54] Dräger2006
[55] Demiris2004
[56] Alwan2006
[57] Olve2005
[58] Mack2003

FSC
www.fsc.org
MIX
Papier aus verantwortungsvollen Quellen
Paper from responsible sources
FSC® C141904

Druck:
Customized Business Services GmbH
im Auftrag der
KNV Zeitfracht GmbH
Ein Unternehmen der Zeitfracht - Gruppe
Ferdinand-Jühlke-Str. 7
99095 Erfurt